AF592560

BÉNÉFICES DE GUERRE

COMPTES INTIMES

BIBLIOTHÈQUE NATIONALE R.F. IMPRIMÉS
DON 158127

TROISIÈME ÉDITION

PAR

HENRY LECOUTURIER
Docteur en Droit
ADMINISTRATEUR JUDICIAIRE AU TRIBUNAL CIVIL DE LA SEINE

Prix : 12 francs

Lois du 1er juillet 1916, du 30 décembre 1916 et du 2 juin 1917

4° F 1745

IIIe ÉDITION

TABLE DES MATIÈRES

La Contribution extraordinaire sur les Bénéfices de Guerre

BIBLIOTHÈQUE NATIONALE R F

BIBLIOTHÈQUE NATIONALE RF IMPRIMÉS

TRACÉ SCHÉMATIQUE DE LA CONTRIBUTION SUR LES BÉNÉFICES DE GUERRE

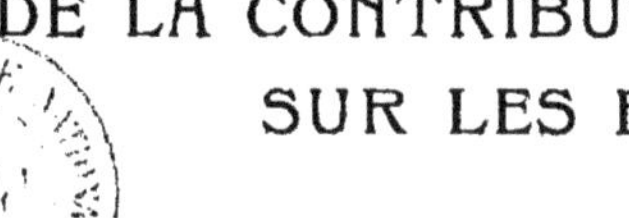

La loi du 1er juillet 1916, complétée par la loi du 30 décembre 1916, et par celle du 2 juin 1917, crée une contribution extraordinaire sur les bénéfices exceptionnels ou supplémentaires réalisés pendant la guerre.

Deux grandes catégories sont ouvertes où viendront prendre place tous les imposables :

BÉNÉFICES SUPPLÉMENTAIRES

1° Tous ceux qui étaient patentés avant la guerre ou qui exploitaient des mines et qui ont, pendant la durée de la guerre, fait des bénéfices plus élevés que la normale de leurs bénéfices antérieurs à la guerre, doivent, sur cette partie de bénéfices supplémentaires, payer l'impôt de guerre ;

2° Tous ceux qui, pendant la guerre, ont créé des usines de guerre ou installé des commerces nés des circonstances actuelles, même s'ils n'ont entrepris le commerce et l'industrie que pour l'exécution des marchés de guerre dont ils étaient les bénéficiaires, ne sont imposables également que sur les bénéfices supplémentaires — s'ils ont travaillé dans les conditions normales du commerce et de l'industrie. La taxe est de *cinquante pour cent* du bénéfice supplémentaire, si ce supplément n'excède point 500.000 francs. Pour la partie qui excède 500.000 francs elle est de *soixante pour cent* pour les bénéfices réalisés depuis le 1er janvier 1916. *

---

* **Exemple.** —			
Bénéfices supplémentaires..		700.000 Fr.	
Bénéfice minimum non imposable...	5.000		
Bénéfice imposable à 50 %...........	495.000	247.500	»
Bénéfice imposable à 60 %...........	200.000	120.000	»

Relèvement du taux de l'impôt. — Toutefois le Gouvernement a déposé au mois de juin 1917 un projet de loi ainsi conçu :

ART. 11. Le taux applicable, dans les conditions indiquées par l'article 12 de la loi du 1er juillet 1916, pour le calcul de la contribution extraordinaire sur les bénéfices exceptionnels ou supplémentaires réalisés pendant la guerre est fixé comme il suit, en ce qui concerne les bénéfices obtenus à partir du 1er janvier 1917 :

50 % sur la fraction des bénéfices imposables inférieure à 100.000 francs ;
60 % sur la fraction comprise entre 100.000 et 250.000 francs ;
70 % sur la fraction comprise entre 250.000 et 550.000 francs ;
80 % sur la fraction supérieure à 500.000 francs.

BÉNÉFICES EXCEPTIONNELS

Tous les autres, tous les non-patentés qui, pendant la guerre, ont réalisé des bénéfices extraordinaires à raison de fournitures faites à l'État, directement ou comme sous-traitants, ou comme bailleurs de fonds, ou comme intermédiaires, ou tous ceux qui ont fait des bénéfices extraordinaires en dehors de leur profession habituelle, tous ceux-là doivent l'impôt de guerre sur la totalité des bénéfices qu'ils ont réalisés : c'est la catégorie des bénéfices exceptionnels.

La taxe est de *cinquante pour cent* du bénéfice total, jusqu'à 500,000 francs de bénéfices. — Au dessus de ce chiffre, elle est de *soixante pour cent* pour la partie en excédent réalisée depuis le 1er janvier 1916.

DÉCLARATION OBLIGATOIRE. DURÉE ET PÉRIODES DE L'IMPOSITION

Tous les assujettis sont obligés de faire une déclaration qui devait, en 1916, être faite entre le 1er septembre et le 30 octobre et était relative aux bénéfices de guerre réalisés entre le 1er août 1914 et le 31 décembre 1915.

Pour toutes les autres périodes, c'est-à-dire pendant toute la durée de la guerre et pendant une période de douze mois après la cessation des hostilités la déclaration est annuelle. Elle a lieu dans les trois premiers mois de l'année ordinaire. Les bénéfices de l'année 1916 devront donc être déclarés pendant les trois premiers mois de 1917 ; les bénéfices de l'année 1917, pendant les trois premiers mois de l'année 1918, et ainsi de suite.

BASE DE LA TAXE

Pour les bénéfices supplémentaires, la base de la taxe est l'excédent du bénéfice net réalisé pendant la guerre sur le bénéfice normal antérieur à la guerre, ou sur un forfait empirique pris comme premier terme de la comparaison. Les commerçants et industriels sont autorisés à suivre les mêmes règles de comptabilité qu'avant la guerre, c'est-à-dire à procéder aux amortissements des bâtiments et du matériel qui leur étaient habituels au temps de paix.

Pour les bénéfices exceptionnels, la base de la taxe est la totalité du bénéfice net.

Dans les deux cas, le contribuable a droit à la déduction d'une somme fixe de 5.000 francs de bénéfices exempts d'impôt. *

AMORTISSEMENTS ORDINAIRES ET EXTRAORDINAIRES

En outre de la réserve légale obligatoire dans les Sociétés anonymes et des amortissements habituels, des amortissements supplémentaires sont autorisés dans tous les cas où le matériel est exposé à une dépréciation exceptionnelle à raison du travail de guerre ou pour tous les aménagements faits uniquement en vue de la guerre et pour la durée de la guerre.

L'intérêt des capitaux engagés dans des entreprises situées en pays envahi et l'amortissement habituel de ces entreprises est également déduit.

Pour les exploitants de plusieurs entreprises, la déduction des pertes subies dans une des entreprises vient diminuer le total du bénéfice recueilli dans les autres.

BÉNÉFICE NORMAL. — FORFAIT

Le bénéfice normal résulte des livres et est établi sur la moyenne des trois exercices antérieurs à la guerre. Mais si le commerçant ne *veut ou ne peut* l'établir ainsi, ce bénéfice est forfaitairement présumé égal à trente fois le chiffre du principal de la patente, sans que cette somme puisse être inférieure à cinq mille francs, ni à 6 % des capitaux engagés dans les entreprises considérées.

CONTROLE. — COMMISSION DU PREMIER DEGRÉ

Une Commission, dite **du premier degré**, siège au chef-lieu de chaque département et comprend quatre agents supérieurs de l'Administration des Finances. Elle reçoit les déclarations, les examine, les contrôle et fixe le chiffre de base de l'imposition. Elle établit également la taxation d'office pour ceux qui n'ont pas fait de déclaration.

---

* **Déduction de cinq mille francs.** — L'Administration considère que cette déduction de cinq mille francs est une *constante* qui s'applique par période d'imposition, quelle qu'en soit la durée. Ainsi, pour la première période qui a 17 mois, l'Administration prétend ne déduire que cinq mille francs alors qu'elle devrait déduire 7.083 francs (c'est-à-dire 5.000 augmentés de cinq douzièmes), si cette exemption de 5.000 francs n'était point une constante. Par contre, l'Administration admet — jusqu'à nouvel ordre tout au moins — que si la dernière période d'imposition ne porte pas sur une année entière, la déduction sera quand même de cinq mille francs. Cette solution est d'autant plus illogique qu'en ce qui concerne le forfait minimum de bénéfice normal, l'Administration a tout naturellement admis que le forfait de cinq mille francs est annuel, que, par conséquent, il doit être augmenté ou diminué, selon que la période d'imposition comprend plus ou moins de douze mois. Mais en ce qui concerne ce forfait, la loi indique (§ 5 de l'article 2) que pour la période du 1er août 1914 au 31 décembre 1915, il y a lieu à majoration de cinq douzièmes. Cette même indication n'existe pas en ce qui concerne la déduction de cinq mille francs, d'où l'interprétation fiscale strictement littérale, mais évidemment illogique (*Décision conforme prise notamment par la Commission du premier degré de l'Ille-et-Vilaine*).

COMMISSION SUPÉRIEURE

Un recours est réservé, tant aux contribuables qu'à l'Administration elle-même, devant une **Commission supérieure**, qui siège à Paris et qui doit établir l'unité de jurisprudence pour la France entière. Ce recours est suspensif : aucune taxation n'est établie avant la décision de la Commission supérieure. *

RECOURS DU CONSEIL D'ÉTAT

Enfin, un recours est prévu devant le Conseil d'État, mais uniquement pour le cas d'excès de pouvoirs ou de violation de la loi. Ce recours n'est pas suspensif.

TAXATION D'OFFICE. — PÉNALITÉS. — PREUVES

Ceux qui, malgré l'obligation qu'impose la loi, n'auront pas fait de déclaration seront taxés d'office, mais leur contribution sera, dans ce cas, augmentée de dix pour cent. Si, par exemple, un contribuable a fait un bénéfice exceptionnel de cent mille francs dans une année — déduction préalablement faite des 5.000 fr. non imposables — son imposition est de 50 %, soit de 50.000 francs, s'il se conforme à la loi et souscrit sa déclaration. Si, au contraire, il ne fait pas de déclaration, sa contribution est augmentée de 10 % soit de cinq mille francs, et il paiera donc 55.000 francs au lieu de 50.000 francs.

D'autre part, si ce contribuable n'accepte pas le chiffre de la taxation donné par la Commission du premier degré, c'est à lui qu'incombe le fardeau de la preuve devant la Commission supérieure.

---

* Le Gouvernement a déposé en juin 1917 un projet de loi modifiant la législation sur ce point et enlevant à l'appel ce caractère suspensif. C'est l'art. 45 du projet du Gouvernement ainsi conçu:

« Art. 45. A partir de la promulgation de la présente loi, les rôles de la contribution extraordinaire instituée par la loi du 1er juillet 1916 seront établis d'après les bases de cotisations fixées par les commissions du premier degré et mis immédiatement en recouvrement. Les contribuables conserveront néanmoins le droit de se pourvoir dans les conditions, formes et délais prévus par la loi susvisée du 1er juillet 1916. Les bases de cotisation ainsi contestées n'auront un caractère définitif qu'après que la Commission Supérieure aura statué et seront rectifiées, selon le cas, conformément aux décisions intervenues, soit par voie de dégrèvement, soit par voie d'imposition supplémentaire. »

INSUFFISANCE DE LA DÉCLARATION

La déclaration insuffisante, sauf en cas de bonne foi, entraîne également une majoration de la taxation, mais seulement au cas où l'insuffisance est supérieure à dix pour cent du bénéfice total. Cette majoration est de moitié de la contribution correspondant à la fraction du bénéfice supplémentaire non déclaré.

Un commerçant, qui a fait 100.000 francs de bénéfices et qui n'en déclare que 80.000, sera donc imposé comme suit :

Sur les 80.000 francs déclarés, contribution de cinquante pour pour cent, déduction faite de 5.000 francs exempts d'impôt	37.500 fr.
Sur les 20.000 francs non déclarés, contribution de cinquante pour cent..	10.000 »
Majoration de moitié de la contribution sur la fraction du bénéfice supplémentaire non déclaré	5.000 »
Soit..........................	52.500 fr.

au lieu de 47.500 francs qu'il aurait dû payer, s'il avait fait une déclaration sincère.

Une interprétation défectueuse de la loi, ou une divergence d'apppréciation sur le caractère de certains postes du bilan ne constitue pas la mauvaise foi. La mauvaise foi, c'est la dissimulation voulue, réfléchie, concertée de tout ou partie des bénéfices réalisés. [1]

PERTES SUBIES PENDANT UN EXERCICE DE GUERRE

Chaque période d'imposition est envisagée isolément au point de vue fiscal, sans corrélation avec la période antérieure ou la période postérieure. La perte subie en 1915 ne diminue pas le bénéfice imposable réalisé en 1916. Exemple :

Première période d'imposition, pertes..... : 50.000 francs.

Deuxième période d'imposition, bénéfices. : 80.000 francs.

Bien que le contribuable n'ait, à son point de vue personnel et point de vue comptable, réalisé net que 30.000 francs de bénéfices pour les deux années envisagées d'ensemble, il sera imposable sur le bénéfice de 80.000 francs.

La perte lui donnera droit, en fin de guerre, à une détaxe proportionnelle au taux de l'imposition qu'il aura payée pendant la guerre.

PAIEMENTS FRACTIONNÉS ET SURSIS DE PAIEMENTS

Ceux qui sont imposés pour les bénéfices supplémentaires ont la faveur de ne payer que la moitié de la contribution pendant chaque exercice, les deux derniers quarts ne devenant exigibles que six mois après l'expiration du dernier exercice

---

[1] **Remises des pénalités.** — Aucune remise de pénalités n'a été prévue par la législation du 1er juillet 1916. Il n'y a donc que le recours en grâce au Président de la République qui soit possible.

fiscal pendant lequel jouera cette contribution extraordinaire. Le législateur a voulu permettre à ces contribuables d'obtenir une réduction de taxe au cas où, après avoir connu des années heureuses, ils seraient défavorisés par le sort.

Ils ont droit également de payer en trois annuités, par tiers, une partie ou la totalité de la taxe pour les bénéfices réalisés avant le 1er avril 1916 si ces bénéfices ont été employés, avant cette date, en améliorations ou extensions.

COMPTE DE REDRESSEMENTS A LA FIN DE LA GUERRE. — OMISSIONS

Point essentiel : Une revision aura lieu, à la cessation des hostilités, pour ce qui concerne les réserves, déductions et amortissements des bâtiments, du matériel et des créances, tant au profit du Fisc, si cet amortissement a été trop élevé, qu'au profit du contribuable si, au contraire, il est reconnu que l'amortissement était insuffisant.

Tous ceux qui auront été omis totalement ou par partie sur les rôles de la contribution pourront encore être imposés une année après la cessation des hostilités.

CHAPITRE Ier

QUI DOIT L'IMPOT?

Tout d'abord, rappelons que pour être assujetti à l'impôt il faut avoir réalisé au moins 5.000 francs de bénéfices exceptionnels ou 5.000 francs de bénéfices en excédent des bénéfices normaux d'avant la guerre.

PREMIÈRE CATÉGORIE. — BÉNÉFICES SUPPLÉMENTAIRES

Pour plus de clarté, nous plaçons en première ligne, contrairement à l'ordre suivi par le législateur, ceux qui sont imposés uniquement sur leurs bénéfices supplémentaires. Ce sont :

1° Tous les patentés qui, avant la guerre, exerçaient un commerce ou une industrie dont le développement au cours des hostilités a été l'occasion d'un bénéfice supplémentaire.

Pour être compris dans cette catégorie, il faut donc nécessairement et obligatoirement avoir été inscrit sur les rôles des patentes *. Il faut, de plus, avoir réalisé, pendant la guerre, des bénéfices en excédent sur la normale antérieure à la guerre.

---

* **Professions libérales.** — On a discuté la question de savoir si les professions libérales, soumises à la patente, étaient atteintes par la contribution extraordinaire sur les bénéfices de guerre. Le texte de la loi ne permet pas le moindre doute : c'est le fait d'être patenté qui entraîne l'imposition sur les bénéfices supplémentaires. Tous les patentés sans aucune exception doivent l'impôt sur les bénéfices supplémentaires réalisés pendant la guerre avocats, médecins, architectes, etc., etc., n'en sont point exempts. Solution confirmée par M. le Ministre des Finances en réponse à une question de M. Gilbert Laurent, député (*Journal Officiel de la République Française* du 21 février 1917).

COMMERCE ET USINES DE GUERRE

2° Toutefois, l'Administration, par une interprétation bienveillante de la législation nouvelle, place également dans cette catégorie d'imposables uniquement sur le supplément de bénéfices, tous ceux qui, non patentés avant la guerre, ont, depuis l'ouverture des hostilités, été patentés et fait des affaires *dans les conditions ordinaires du commerce et de l'industrie.*

Cette interprétation, disons-nous, est une interprétation bienveillante. On aurait pu, en effet, soutenir que la loi exigeait pour faire partie de la première catégorie, que les contribuables fussent imposés à l'impôt des patentes avant la guerre et qu'elle plaçait dans la catégorie de ceux qui ont fait des bénéfices exceptionnels, tous ceux qui ne pouvaient justifier d'une imposition au rôle des patentes antérieurement à la guerre.

La contribution sur les bénéfices supplémentaires est, en effet, le résultat d'une comparaison entre les bénéfices antérieurs à la guerre et les bénéfices réalisés pendant la guerre. Si l'un des deux éléments fait défaut, il semble que le contribuable ne peut pas être placé dans cette catégorie avantagée et qu'il doit l'impôt de guerre sur la totalité des bénéfices exceptionnels qu'il a réalisés. Mais la bienveillance de l'Administration s'appuie sur une phrase incidente que le législateur a glissée dans le paragraphe trois de l'article deux :

« Le bénéfice normal, y est-il dit, ne peut, en aucun cas, *même si le contribuable n'a réalisé d'opérations qu'à partir du 1er août 1914*, être évalué à une somme inférieure... »

On a conclu de cette incidente que le fait d'être imposé à la patente antérieurement à la guerre n'est pas une condition indispensable pour être placé dans la catégorie favorisée de ceux qui ne paient la contribution que sur leur supplément de bénéfices.

Ainsi donc se rangent également dans cette première catégorie toutes les usines de guerre et tous les commerces qui ont été ouverts depuis le 1er août 1914, à raison même des circonstances nouvelles, quelque temporaires et provisoires qu'ils soient, dussent-ils disparaître lors de la cessation des hostilités.

CONDITIONS ORDINAIRES DU COMMERCE ET DE L'INDUSTRIE

Reste à définir cette formule de l'Administration : « ceux qui ont réalisé depuis le 1er août 1914 *des opérations dans les conditions ordinaires du commerce et de l'industrie* ». Ceux-là seuls auront le droit de revendiquer un traitement de faveur. Il importe donc de préciser le sens exact de la formule.

L'Administration entend donner à sa formule le sens le plus libéral.* Tous ceux qui ont pris des marchés de guerre et qui ont créé de grandes ou petites usines, pour en exécuter tout ou partie, exercent l'industrie dans des conditions normales et ne sont assujettis qu'à l'impôt sur les bénéfices supplémentaires.

De même tous ceux qui ont groupé une série de marchés de guerre et qui, sans les exécuter par eux-mêmes, ont créé une organisation commerciale pour recueillir auprès de divers fournisseurs l'ensemble des marchandises qu'ils s'étaient engagés à fournir, les ont agencées, manutentionnées, si le mot est permis, ceux-là ont exercé le commerce dans des conditions normales. Ils sont assimilables évidemment, en bonne logique, au commissionnaire exportateur ou importateur qui, lui aussi, fait acte de commerce, sans cependant fabriquer aucune des marchandises dont il est l'agent vendeur, sans avoir autre chose dans ses bureaux que les quelques échantillons indispensables pour sa vente. Mais la condition nécessaire dans cette dernière hypothèse est évidemment que le contribuable soit titulaire de plusieurs marchés de guerre, car il est de jurisprudence certaine que l'accomplissement d'un seul acte de commerce ne donne pas la qualité de commerçant — qu'il ait montré une activité commerciale réelle — qu'il ne se soit point contenté de repasser à autrui la charge des marchés dont il était le titulaire ou sous-traitant, — qu'il ait risqué des capitaux ; — qu'il ait eu des employés, des collaborateurs, du papier de commerce à en-tête, une comptabilité légale, des livres de copies de lettres, en un mot une organisation commerciale effective.

En résumé, on peut dire qu'appartiennent à la première catégorie tous ceux qui ont fait preuve d'une activité commerciale ou industrielle, quelque minime qu'elle soit, ceux qui se sont placés dans des conditions telles que l'imposition de la patente leur eut été applicable, car on n'impose à la patente que les personnes qui exercent le commerce ou l'industrie dans des conditions normales.

Bien entendu nous ne faisons pas allusion à la patente des fournisseurs de l'État, laquelle s'applique même à ceux qui n'ont pris qu'un seul marché de guerre et qui, par conséquent, ne sont même pas commerçants au point de vue du Code de commerce.

MERCANTIS ET FOURNISSEURS DE TROUPES

Doivent être rangés dans cette première catégorie et doivent être considérés comme exerçant le commerce dans les conditions normales tous ceux qui ont tenu boutique ouverte à l'arrière du front ou ont été, jusque dans les cantonnements de repos les plus avancés, offrir aux troupiers les marchandises les plus

* **Maîtres ouvriers des corps de troupes.** — L'Administration admet que les maîtres ouvriers des corps de troupe sont compris dans la catégorie des commerçants imposés seulement sur les bénéfices supplémentaires.

diverses. Les bénéfices qu'ils ont recueillis sont incontestablement atteints par la contribution nouvelle. En plaçant ces mercantis dans la catégorie de ceux qui ont fait des bénéfices supplémentaires, bien que la plupart n'aient jamais avant la guerre exercé aucun commerce, l'Administration leur fait une faveur considérable. Il sera facile aux agents du Fisc de connaître toutes ces personnes, car, ainsi que chacun le sait, on ne peut tenir un commerce dans la zone des armées, qu'avec une autorisation militaire.

DEUXIÈME CATÉGORIE : BÉNÉFICES EXCEPTIONNELS

Cette catégorie comprend tous ceux qui ont fait un bénéfice quelconque pendant la guerre ou à l'occasion de la guerre et qui ne rentrent pas dans la première catégorie. Le législateur les vise par les textes suivants :

les personnes non patentées ayant passé des marchés soit directement, soit comme sous-traitants, pour des fournitures destinées à l'État ou à une Administration publique; c'est par exemple le particulier qui a fourni à l'Intendance des chaussures, des sacs de couchage, des masques contre les gazs asphyxiants, etc., etc.

les personnes ayant accompli un acte de commerce à titre accidentel en vue du même objet; c'est par exemple le particulier qui, placé dans des circonstances favorables, aurait acheté et payé quelques tonnes d'aluminium pour les revendre avec bénéfice à un fournisseur de la guerre,

les personnes ayant accompli un acte de commerce en dehors de leur profession en vue du même objet; le pharmacien par exemple qui aurait passé un marché pour la fourniture de bandes molletières,

les personnes patentées ou non ayant prêté leur concours pécuniaire pour la conclusion d'un marché avec l'État ou une Administration publique; ce sont tous les capitalistes, — à l'exception des banquiers dont c'est la profession et qui, de ce chef, sont imposables seulement sur leurs bénéfices supplémentaires, — qui auraient prêté des fonds à un fournisseur de la guerre,

les personnes patentées ou non ayant prêté leur entremise moyennant rémunération, redevance ou commission, pour le même objet; c'est-à-dire tous les courtiers qui se sont fait payer leurs démarches ou leur influence réelle ou imaginaire.

PATENTÉS AYANT FAIT DES ACTES DE COMMERCE EN DEHORS DE LEUR PROFESSION

Un patenté peut être imposé tant sur ses bénéfices supplémentaires que sur un bénéfice exceptionnel par lui réalisé. Il suffit, en effet, qu'en dehors des opérations commerciales ou industrielles dont il s'occupait avant la guerre, ce patenté ait traité, directement ou indirectement, un marché de fournitures essentiellement différentes de son commerce ou de son industrie, ou ait agi comme intermédiaire ou bailleur de fonds. De même, il peut n'avoir fait aucun bénéfice supplémentaire dans son commerce ou dans son industrie, échapper par conséquent à l'impôt de guerre sur les bénéfices supplémentaires, et être, au contraire, assujetti à la contribution sur les bénéfices exceptionnels qu'il a réalisés en dehors de son commerce ou de son industrie.

Voici un marchand de produits alimentaires qui a souscrit un marché de chaussures directement ou indirectement. Comme commerçant vendeur de produits alimentaires, il sera imposé à la première catégorie, suivant qu'il aura fait ou non pendant la guerre des bénéfices en excédent sur son bénéfice normal antérieur à la guerre. Mais il sera imposé d'autre part, à la catégorie des bénéfices exceptionnels pour le profit qu'il a tiré de cette fourniture de chaussures.

Bien des commerçants qui se trouveront placés dans une situation analogue à celle que nous commentons essaieront de rattacher ce bénéfice à leur exploitation antérieure et de le présenter simplement comme une extension d'affaires.

Les Commissions de taxation et de contrôle ne se laisseront pas prendre à de pures arguties. Ce seront les règles du clair bon sens qui délimiteront l'extension des affaires et la réalisation d'une affaire tout à fait nouvelle n'ayant aucun rapport et aucun trait commun avec la situation antérieure du patentable.

Dans l'espèce, il est certain que le marchand de produits alimentaires qui fournit des chaussures ou de la confection à l'Intendance ne pourra prétendre, en bonne logique, à une simple extension d'affaires et devra être imposé d'une part, dans la première catégorie, pour les bénéfices supplémentaires réalisés dans son commerce, et dans la seconde catégorie pour la totalité des bénéfices qu'il a pu réaliser dans la fourniture envisagée.

BREVETS D'INVENTION. — CESSION DE LICENCE D'EXPLOITATION

Le fait de prendre un brevet n'est pas un acte de commerce. La cession d'un brevet ou la concession d'une licence pour l'exploitation d'un brevet, n'est pas non plus un acte de commerce. Par conséquence celui qui, ayant fait une découverte intéressant la guerre, en concède l'exploitation à un industriel moyennant un prix forfaitaire ou moyennant une redevance de tant par produit fabriqué ou vendu, n'a point fait acte de commerce : il n'est donc pas patenté à ce titre. Il n'est pas imposable à la contribution extraordinaire sur les bénéfices de guerre. Le cas s'est présenté pour certains inventeurs qui, cependant, ont réalisé d'importants bénéfices pendant la guerre et à cause de la guerre. Dans le silence de la loi, ils doivent être exempts de cet impôt spécial. Conclusion : s'il n'est patenté à aucun autre titre, l'inventeur n'est pas imposable.

SITUATION DES EXPLOITANTS DE MINES

Ceux qui exploitent des mines ne sont pas soumis à l'impôt de la patente, mais bien à une redevance spéciale proportionnelle établie par la loi du 21 avril 1810.

Les exploitants de mines sont formellement assimilés par la loi du 1er juillet 1916 aux patentés et ils sont compris dans la catégorie de ceux qui ont fait des bénéfices supplémentaires. Ils sont donc taxés sur l'excédent du bénéfice fait pendant la guerre, comparativement au bénéfice antérieur à la guerre.

SITUATION DES AGRICULTEURS

Sont exonérés de tout impôt sur les bénéfices de guerre les agriculteurs qui ont vendu leurs récoltes à l'État, soit à titre de réquisition, soit en vertu de marchés passés directement avec eux par l'État ou par les Administrations publiques. *

Par le mot de "récoltes", on entend, dit un des rapporteurs de la loi, tous les produits de l'exploitation "que ces produits soient d'ordre végétal ou d'ordre animal".

C'est une faveur qui est faite aux agriculteurs et qui se justifie, a-t-on dit, par cette raison que si l'agriculteur avait vendu sa récolte au marché, il aurait vendu le même prix et réalisé le même bénéfice, sans qu'on lui demande aucun impôt, puisqu'il n'est pas patenté. Il ne peut donc être imposé parce qu'il a fait confiance à l'État ou parce qu'il a été contraint de vendre à l'Intendance. Personne n'a contesté d'ailleurs la légitimité de cette concession, mais il est bien entendu qu'elle est restreinte au cas où l'agriculteur livre à l'État les *propres* produits de son exploitation. Si cet agriculteur est devenu un intermédiaire, ayant pris à tâche de recueillir une quantité plus ou moins considérable de grains, de fourrages ou d'animaux, qu'il achète à divers et qu'il rétrocède à l'État avec

---

* La redevance que paient les concessionnaires de mines est composée de deux droits :
un droit fixe d'après l'étendue de la concession;
une redevance proportionnelle aux produits de l'exploitation. Cette redevance est elle-même calculée de deux manières par les Contributions directes :

Dans les Sociétés par actions où l'exploitation de la mine est l'objet essentiel et principal de la Société, l'Administration accepte de considérer le produit de l'exploitation comme égal aux dividendes distribués. Le chiffre du dividende est donc la base de la redevance. Cette méthode ne présente aucun inconvénient, puisque l'impôt de la patente est un impôt permanent. La situation est tout à fait différente lorsqu'il s'agit d'un impôt provisoire comme l'impôt sur les bénéfices de guerre. Il serait en effet facile aux Sociétés de ne mettre en distribution qu'une partie des dividendes réalisés, acquis pendant la période de guerre, pour ne pas faire ressortir leur vrai bénéfice supplé-

bénéfice, il a, dans ce cas, fait acte de commerce. Il est, pour ce bénéfice, indiscutablement imposable à la contribution de guerre, au titre des bénéfices supplémentaires. A côté de sa profession non patentée d'agriculteur, il a, en effet, exercé dans des conditions normales un commerce de courtier en grains, en fourrages ou en bestiaux et le bénéfice recueilli est atteint indiscutablement par la contribution extraordinaire de guerre. S'il n'a réalisé ce commerce qu'accidentellement, exceptionnellement, il doit l'impôt sur les bénéfices exceptionnels. S'il s'est transformé en courtier pendant la guerre et a employé ainsi son activité, il a fait acte de commerçant et ne sera imposé que sur les bénéfices supplémentaires.

Ce sera aux Commissions de taxation qu'il appartiendra — si ces agriculteurs-courtiers ne prennent pas, comme nous leur conseillons très vivement, l'initiative d'une déclaration — de déterminer ce qui provient de la propre récolte du cultivateur et est exempt de l'impôt, ou ce qui, au contraire, provient des récoltes d'autrui et doit l'impôt.[1]

SIÈGE DE L'EXPLOITATION — FRANCE — COLONIES — ÉTRANGER

La loi s'applique indiscutablement à tous les Français domiciliés ou résidant en France, qui ont fait, *en France*, des bénéfices supplémentaires ou des bénéfices exceptionnels. Elle s'applique également à tous les étrangers, domiciliés ou résidant en France qui se trouvent dans la même situation.

Elle ne s'applique pas — et cela résulte d'une interprétation donnée par M. le Ministre des Finances — aux bénéfices réalisés dans les établissements situés dans les colonies ou à l'étranger, et rattachés à des exploitations ayant leur siège en France. On a fait remarquer, en effet, qu'en ce qui concerne les établissements

---

mentaire. Les Commissions de taxation auront donc le droit de contrôler le chiffre du dividende mis en distribution et de ne pas accepter cette base s'il leur apparaît que les bénéfices réels sont supérieurs aux bénéfices mis en distribution.

Dans les Sociétés où l'exploitation de la mine n'est pas le but social, — dans toutes les exploitations de mines qui ne sont pas faites par des Sociétés en actions, ou dans les Sociétés qui partagent le produit de la mine entre les associés, le produit net, base de la redevance proportionnelle, est évalué directement par l'Administration. Ce produit net devra donc être considéré également comme le produit net réalisé pendant la période de guerre au point de vue de l'application de l'impôt sur les bénéfices de guerre.

Quant aux mines qui ont un abonnement avec l'État pour le paiement de la redevance, il est bien certain que le chiffre de l'abonnement ne peut pas entrer en ligne de compte pour l'établissement du produit net réalisé pendant la guerre. Les contrôleurs auront le droit de rechercher par tous les moyens en leur possession quel est le produit net, en vue d'établir le bénéfice supplémentaire.

[1] A contrario, la perte subie dans une exploitation agricole ou viticole ne peut venir en déduction des bénéfices réalisés pendant la même période d'imposition dans une exploitation industrielle ou commerciale (*Décision conforme de la Commission de taxation de la Charente-Inférieure*).

français situés à l'étranger, ces établissements sont exposés à payer l'impôt de guerre perçu dans cet État; — qu'il serait injuste de les soumettre à deux taxes de guerre; — qu'en outre, on arriverait bien vite à déterminer des sociétés françaises à prendre les mesures nécessaires pour dénationaliser leurs établissements sis à l'étranger, ce qui serait contraire aux intérêts généraux économiques du pays.*

EXPLOITATIONS DANS LES COLONIES

La loi n'est pas applicable aux colonies (Algérie comprise). En conséquence, les bénéfices réalisés pendant la guerre dans les colonies sont exempts de l'impôt. Il en est de même des bénéfices réalisés par les succursales ou les comptoirs aux colonies d'une maison dont le siège est en France. Ces entreprises doivent tenir une comptabilité séparée des bénéfices afférents à l'exploitation de leurs succursales situées aux colonies et doivent en déduire les bénéfices de l'ensemble de leurs bilans. Le cas s'est présenté fréquemment dans les grands ports de mer et notamment à Marseille**.

MAISONS ÉTRANGÈRES

Reste à déterminer si l'impôt de guerre peut s'appliquer à des étrangers, particuliers ou sociétés, qui n'ont ni domicile, ni résidence en France, et qui ont cependant réalisé en France des bénéfices de guerre. La loi n'a pas tranché cette question, mais M. Raoul Péret, rapporteur général de la Commission du budget, s'exprime ainsi dans le rapport qu'il a présenté à la Chambre des députés, à propos du texte de la loi adopté par le Sénat :

> « Il convient d'insister sur ce point que seuls les bénéfices réalisés dans les usines « ou maisons de commerce exploitées en France seront passibles de l'impôt. C'est seule- « ment au fait de l'exploitation en France, abstraction faite de la nationalité, qu'il faut « s'attacher pour décider qu'une personne ou une Société sera soumise à la loi nouvelle. »

Ce commentaire est extrêmement clair : la loi ne vise que les usines ou les maisons de commerce exploitées *en France*, quelle que soit la nationalité de

---

* Une Société qui aurait son siège social en France et ses exploitations aux colonies ou à l'étranger ne serait pas imposable à la contribution extraordinaire sur les bénéfices de guerre si elle n'a fait aucune opération commerciale ou industrielle en *France*.

** Solution confirmée par M. le Ministre des Finances en réponse à une question posée par M. Paul Bluysen, député. (*Journal Officiel de la République Française* du 16 février 1917). L'Administration considère cependant que si les bénéfices faits hors de France résultent d'opérations auxquelles aurait concouru l'établissement situé en France, il y aurait lieu d'imposer la part afférente à cet établissement. Il y a là un départ presque impossible à réaliser dans la pratique et il vaut mieux isoler complètement les deux comptes.

l'exploitant. Échappent donc à la contribution de guerre tous les commerçants, les industriels et les sociétés étrangères qui n'ont ni domicile ni résidence en France.

Quelle sera la situation des maisons de commerce étrangères qui ont en France un représentant, un bureau ou un office ? La présence de cet organisme commercial les rend-elles passibles de la contribution à laquelle elles échapperaient s'il n'existait pas ? Il paraît certain que la Commission interprétera la pensée du législateur dans son sens le plus bienveillant et le plus large et qu'elle ne fera aucune différence entre deux maisons de commerce ayant fait en France des fournitures de produits exclusivement fabriqués à l'étranger, qu'elles aient ou non un représentant sur le territoire national. Il y aurait une injustice flagrante à imposer à la contribution de guerre celle des deux maisons qui justement a un lien économique plus étroit avec notre pays. Le cas s'est présenté notamment pour de grandes sociétés ayant leur siège en Angleterre ou en Belgique, travaillant en Espagne et livrant en France par l'intermédiaire d'une succursale française un produit fabriqué en Espagne. La présence de cette succursale en France ne rend pas la maison anglaise ou belge imposable sur les bénéfices qu'elle tire de sa fabrication espagnole en vendant ses produits fabriqués au Gouvernement français lui-même.

BÉNÉFICES DE GUERRE

NE DOIVENT PAS L'IMPOT :

Ne doivent pas l'impôt :

1° **Tous les Agriculteurs** ayant vendu leurs récoltes à l'État ou aux Administrations publiques (Ministères, Préfectures, Mairies, Intendances, Commissions de Ravitaillement et tous autres fonctionnaires).	Quel que soit le chiffre de leur bénéfice net annuel.
2° **Tous les Patentés** (c'est-à-dire tous commerçants, fabricants, constructeurs, industriels, médecins, avocats, architectes, officiers ministériels, etc., etc., particuliers ou Sociétés).	Qui n'ont pas fait plus de bénéfices nets annuels pendant la guerre qu'avant la guerre.
3° **Tous les Patentés** (c'est-à-dire tous commerçants, fabricants, constructeurs, industriels, médecins, avocats, architectes, officiers ministériels, etc., etc., particuliers ou Sociétés).	Qui n'ont pas fait, pour chaque période de douze mois * plus de 5.000 francs de bénéfices nets de plus que les bénéfices nets qu'ils réalisaient avant la guerre.
4° **Tous ceux** (particuliers ou Sociétés) qui ont obtenu des marchés de fournitures pour la guerre, tous les sous-traitants de ces marchés, tous les bailleurs de fonds, intermédiaires, courtiers, etc., tous les trafiquants et mercantis que la guerre a fait éclore.	Qui n'ont pas fait, pour chaque période de douze mois * 5.000 francs de bénéfices nets.
5° **Tous ceux** qui sont assujettis à la redevance des mines.	Qui, pendant la guerre, pour chaque période de douze mois, n'ont pas payé leurs redevances sur un produit net excédant de plus de 5.000 francs le produit net moyen des trois exercices antérieurs au 1er août 1914.

---

* La contribution s'applique par exercices ou périodes. L'exercice normal est de douze mois. Toutefois, il y aura deux périodes de durée exceptionnelle, première qui comprend dix-sept mois, du 1er août 1914 au 31 décembre 1915 et la dernière qui commencera le 1er janvier de l'année qui suivra la cessation des hostilités pour finir le dernier jour du douzième mois qui se sera écoulé, depuis le jour de la date du décret de cessation des hostilités. Exemple : Cessation des hostilités, décret du 1er Juillet 1917 » Dernière période (Janvier 1918 au 30 Juin 1918), durée six mois. Pour la première période, le bénéfice à envisager est donc de $\frac{5.000 \times 17}{12}$ = 7083 fr. 33.

DOIVENT L'IMPOT :

Doivent l'impôt sur leurs bénéfices supplémentaires :

1° **Tous les Patentés** ayant réalisé des opérations avant le 1er août 1914 (commerçants, fabricants, constructeurs, industriels, médecins, avocats, architectes, officiers ministériels)—y compris les Sociétés—qui ont fait pendant la guerre, pour chaque période de douze mois, plus de 5,000 francs nets de **plus** que les bénéfices nets annuels qu'ils faisaient avant la guerre.

EXEMPLE :

Bénéfice annuel pendant la guerre.....	20.000
Bénéfice net normal annuel antérieur à la guerre..........................	7.000
Excédent *	13.000
De cet excédent, le fisc déduira une somme annuelle fixe de...........	5.000
Le contribuable paiera l'impôt sur	8.000
à raison de 50 %, soit	4.000

2° **Tous ceux** (particuliers ou Sociétés) qui ont réalisé des opérations depuis le 1er août 1914 dans les **conditions normales** du commerce et de l'industrie,

S'ils ont pendant la guerre pour chaque période de douze mois, fait 5.000 francs de bénéfices nets de plus que la somme qui représente l'intérêt annuel à 6 % des capitaux qu'ils ont engagés dans les affaires ou 30 fois le principal de leur patente.

EXEMPLE :

Bénéfice annuel pendant la guerre.....	40.000
Capital engagé 150.000 représentant un intérêt annuel à 6 % de...........	9.000
Excédent *	31.000
De cet excédent, le fisc déduira une somme annuelle fixe de	5.000
Le contribuable paiera l'impôt sur	26.000
à raison de 50 %, soit	13.000

3° **Tous ceux** qui sont assujettis à la **redevance des mines** et qui pendant la guerre auront pour chaque période de douze mois payé sur un produit net excédant de plus de 5.000 francs la moyenne du produit net correspondant aux trois exercices antérieurs au 1er août 1914.

EXEMPLE :

Produit net annuel de guerre.........	70.000
Produit net moyen des trois exercices antérieurs à la guerre.............	30.000
Excédent *	40.000
De cet excédent le fisc déduira une somme annuelle fixe de	5.000
Le contribuable paiera l'impôt sur	35.000
à raison de 50 %, soit	17.000

Doivent l'impôt sur leurs bénéfices exceptionnels :

4° **Tous ceux** qui ne rentrant pas dans l'une des trois rubriques qui précèdent, ont obtenu un ou plusieurs marchés de fournitures pour la guerre et n'ont fait d'industrie ou de commerce que d'une manière anormale, tous les sous-traitants de ces marchés, tous les bailleurs de fonds non professionnels, tous les intermédiaires, courtiers, etc. ayant fait plus de 5.000 fr. de bénéfice net annuel.

EXEMPLE :

Bénéfice sur marché de guerre ou commissions touchées pendant une année	27.000
Déduction annuelle fixe	5.000
Le contribuable paiera sur	22.000
Impôt 50 % de ce bénéfice net.........	11.000

5° **Tous les Patentés** (particuliers ou Sociétés) les exploitants de mines, les agriculteurs qui, **en dehors de leur profession habituelle** — qu'ils soient ou non déjà atteints par l'impôt sur les bénéfices supplémentaires — ont obtenu des marchés de fournitures pour la guerre, qui ont sous-traité ces marchés, qui ont prêté des fonds pour les réaliser, ou touché des commissions à l'occasion de fournitures de guerre, et ayant fait plus de 5.000 fr. de bénéfice net annuel.

Comme au n° 1 et ceci en sus de l'impôt qu'ils peuvent devoir sur les bénéfices supplémentaires de leur profession habituelle.

---

* Si cet excédent dépasse 500.000 francs, le bénéfice est imposé à raison de 50 % jusqu'à 500.000 francs et à raison de 60 % pour ce qui excède 500.000 francs.

CHAPITRE II

LA DÉCLARATION OBLIGATOIRE

FORMES ET PROCÉDURE

OBLIGATION DE DÉCLARER

L'impôt est perçu sur une déclaration souscrite par le contribuable. Cette déclaration est *obligatoire* pour les deux catégories d'assujettis. Obligation légale inscrite dans le texte, mais de plus obligation *morale* à laquelle nul ne voudra se soustraire, car ce serait manquer au patriotisme et à la solidarité sociale. Ceux qui, non mobilisés, ont eu, pendant la guerre, la chance inespérée de pouvoir employer leur activité commerciale ou industrielle doivent cette compensation financière aux mobilisés et à tous ceux pour qui la guerre a été une cause de deuils, de larmes, d'anxiétés et de ruines. Le Ministre des Finances a proclamé, du haut de la tribune, ce principe avec toute l'autorité de sa fonction et l'éloquence de sa parole. Toutes les Chambres de commerce, tous les bons citoyens l'ont approuvé hautement et ceux qui chercheront à dissimuler tout ou partie de leurs bénéfices non seulement s'exposeront aux sanctions légales, mais feront acte de citoyens déloyaux.

DURÉE DE LA CONTRIBUTION

La contribution extraordinaire de guerre est établie sur les opérations réalisées depuis le 1er août 1914 jusqu'à l'expiration du douzième mois qui suivra celui de la cessation des hostilités.

La cessation des hostilités sera déterminée par un décret.

La contribution est annuelle, mais le premier exercice comprend exceptionnellement une durée de dix-sept mois et vise les opérations qui ont été réalisées depuis le 1er août 1914 jusqu'au 31 décembre 1915.

Les autres exercices comprennent l'année normale entière, c'est-à-dire l'année 1916, l'année 1917, l'année 1918 si la guerre n'est point achevée, etc., etc.

Seul le dernier exercice pourra ne pas comprendre douze mois, puisque la contribution ne sera plus applicable un an jour pour jour après la promulgation du décret fixant la cessation des hostilités.

Si, par exemple, ce décret est promulgué le 1er mars 1918, la contribution de guerre comprendra les exercices suivants :

1er exercice : 1er août 1914 — 31 décembre 1915.
2me — année 1916.
3me — année 1917.
4me — année 1918.
5me — 1er janvier au 28 février 1919.

DÉLAI POUR FAIRE LA DÉCLARATION

Pour le premier exercice, celui qui s'étend du 1er août 1914 au 31 décembre 1915, la déclaration a dû être faite avant le 30 octobre 1916.

Pour les autres exercices, la déclaration a lieu dans les trois premiers mois de l'année. Pour l'exercice 1916, elle aura donc lieu entre le 1er janvier et le 30 mars 1917; pour l'exercice 1917 entre le 1er janvier et le 30 mars 1918 et si la cessation des hostilités intervenait, comme nous l'avons supposé plus haut le 1er mars 1918, la déclaration aurait lieu pour les deux mois d'exercice de l'année 1919 entre le 1er janvier et le 31 mars 1920.

DÉLAIS SUPPLÉMENTAIRES — NON CONCORDANCE DES EXERCICES COMPTABLES AVEC L'ANNÉE CIVILE

Les contribuables imposés sur les bénéfices supplémentaires peuvent, si leurs exercices comptables ne concordent pas avec l'année civile, obtenir du Directeur général des Contributions directes (Ministère des Finances) à qui la demande en doit être faite par lettre, un supplément de délai pour faire leur déclaration. Si les comptes de 1916 ne sont arrêtés qu'après le 30 mars 1917, un délai supplémentaire peut être sollicité.

CONTRIBUABLES EMPÊCHÉS DE SOUSCRIRE LEUR DÉCLARATION. — AJOURNEMENT DE LA DÉCLARATION

Les mobilisés, et tous ceux qui, à raison des hostilités, n'ont point entre les mains toute la documentation comptable nécessaire pour la déclaration peuvent obtenir un sursis. Il faut naturellement que l'empêchement invoqué soit réel et effectif. Un mobilisé, dont l'industrie ou le commerce continuent sous le contrôle

---

Pénalités de retard. — La Commission Supérieure a appliqué avec la plus extrême rigueur la pénalité de 10 % pour déclaration tardive.

Considérant qu'il résulte de l'instruction que le sieur X... a laissé passer les termes fixés par les textes ci-dessus rappelés sans produire sa déclaration et sans demander qu'une prolongation de délai lui fût accordée; que c'est seulement après avoir été mis en demeure par la Commission du premier degré qu'il a produit sa déclaration; qu'il s'est, dès lors, abstenu, ainsi que la loi le lui prescrivait, de prendre l'initiative de la déclaration de ses bénéfices supplémentaires; que, par suite, c'est à bon droit que la Commission du premier degré a, conformément à l'article 14 de la loi du 1er juillet 1916, majoré de 10 % le montant de sa contribution;...... (Décision du 12 février 1917.)

Considérant qu'aux termes de l'article 14 de la loi du 1er juillet 1916, les droits afférents au bénéfice imposable sont majorés de 10 % à l'égard de tout contribuable qui n'a pas souscrit de déclaration dans le délai légal;

Considérant que la dame X... qui n'a produit aucune demande de délai supplémentaire reconnaît n'avoir remis sa déclaration à la poste que le 1er novembre 1916; que dès lors la Commission du premier degré était fondée à lui faire application des dispositions de l'article 14 précité...... (Décision du 23 mars 1917.)

d'un mandataire officieux ne serait point admis à prétendre qu'étant mobilisé, il lui est impossible de souscrire sa déclaration. Son commerce ou son industrie ne sont point arrêtés par sa mobilisation. Celui qui gère ses affaires a donc certainement les éléments nécessaires pour la déclaration.

Ceux qui ont des maisons ou des succursales en pays envahi ou pratiquement inaccessible, ont le choix — ou de solliciter un sursis — ou de passer leur déclaration en faisant entrer en ligne de compte — provisoirement — les réserves nécessaires pour parer aux éventualités qui pourraient les surprendre le jour où le territoire sera libéré, quand ils rentreront dans leur usine ou dans leur maison de commerce. Un décret du 3 août 1916 — dont le texte figure aux annexes — règle la procédure de ce sursis. Les contribuables adressent leurs demandes au Directeur des Contributions directes, au chef-lieu du Département, le trentième jour au plus tard avant l'expiration du délai légal, c'est-à-dire avant le premier mars de chaque année. La demande précise la nature de l'empêchement et la Commission du premier degré est juge du bien fondé de cette demande. Si la Commission accepte la requête, le délai de déclaration ne court pas en ce qui concerne ce contribuable. Si, au contraire, l'empêchement est rejeté, le contribuable reçoit une lettre recommandée avec avis de réception et il doit souscrire sa déclaration dans les quinze jours qui suivent cet avis.

D'autre part, à dater du jour où la Commission estime que l'empêchement, dont elle avait reconnu en principe le bien fondé, a cessé d'exister, elle fait aviser le contribuable par le Directeur des contributions directes qui lui adresse une lettre recommandée, avec avis de réception. Le contribuable a alors un délai de trois mois, à partir de l'avis de réception pour passer sa déclaration. Si le contribuable ne fait aucune déclaration, la Commission du premier degré taxe d'office. Notification de la taxation est signifiée dans les conditions que nous indiquons plus loin. Le contribuable peut saisir la Commission supérieure et faire valoir devant elle les motifs qu'il invoquait à l'appui de sa demande de sursis.

Si la Commission supérieure accepte cette réclamation, le contribuable bénéficie des dispositions prévues par l'article premier du décret dont il s'agit et produira sa déclaration dans un délai supplémentaire qui prendra fin au plus tard trois mois après la date de la cessation des hostilités.

Si la Commission supérieure refuse d'admettre les motifs invoqués, le contribuable produit sa déclaration dans le délai d'un mois après la notification de cette décision de la Commission supérieure.

OÙ DOIT ÊTRE FAITE LA DÉCLARATION

La loi stipule que chaque contribuable doit souscrire sa déclaration au lieu de son principal établissement ou du siège social de la Société. Nous avons examiné le sens de ces mots « principal établissement » à propos de la déclaration relative à l'impôt général sur le revenu. En ce qui concerne les Sociétés qui ne sont pas assujetties à l'impôt général sur le revenu, il ne peut pas y avoir de difficulté sur le lieu où est établi le siège social. Cet endroit est fixé par les statuts ou par une délibération du Conseil d'administration.

Il ne pourrait y avoir hésitation que si le siège social a été déplacé postérieurement à la guerre. Le siège social qui doit être envisagé est le siège social actuel de la Société, au moment même où est faite la déclaration.

Si le commerçant modifie dans la suite le lieu de son principal établissement ou si la Société déplace son siège social, avis doit en être donné au Directeur des Contributions directes du département dans lequel la première déclaration a été faite, de telle manière que le dossier du contribuable soit transmis dans un autre département si le principal établissement ou le siège social se place dans un autre département. C'est en effet entre les mains du Directeur des Contributions directes du département que sont centralisées les déclarations. Il n'y a donc lieu de l'avertir qu'au cas de déplacement hors du département.

INDICATIONS QUE DOIT CONTENIR LA DÉCLARATION

Les déclarations sont rédigées sur des formules que les contribuables trouveront dans les Mairies.

La page première de la formule doit être remplie par tous les contribuables qu'ils appartiennent à l'une ou l'autre des catégories que nous avons indiquées.

La page deux est réservée à ceux qui sont imposés dans la catégorie des bénéfices supplémentaires.

La page quatre vise le cas des bénéfices exceptionnels.

A la page trois, les contribuables, imposés sur leurs bénéfices supplémentaires, ont intérêt à donner le plus d'indications possibles à l'appui de leurs déclarations. Ils peuvent également y annexer tous documents qui leur sembleront utiles pour en établir la sincérité ou pour en justifier les chiffres. Plus la déclaration sera complète, plus facile sera l'instruction du Fisc, moins les contribuables seront exposés à être l'objet d'enquêtes dont le principe parait toujours un peu vexatoire, quelque polies que puissent être et que sont incontestablement les formes employées.

Le contribuable doit certifier sa déclaration sincère par l'apposition de sa signature qu'il peut, au besoin, faire précéder des mots : certifiée sincère et véritable.

Le contribuable ne doit pas omettre d'indiquer l'adresse à laquelle il désire que les communications de l'Administration lui soient envoyées. Il y a toute une série de délais qui ont pour point de départ la réception de la lettre recommandée adressée au contribuable par l'Administration ou par la Commission. Il importe donc que le contribuable donne une adresse telle qu'il ait la certitude de toujours recevoir en temps les communications dont s'agit. En cas de changement d'adresse, il fera bien d'en aviser le Directeur des Contributions directes de son département, comme nous l'avons dit plus haut.

Rien ne s'oppose à ce que le contribuable indique dans sa déclaration, en plus de son adresse commerciale, l'adresse de son domicile privé, s'il désire que les communications confidentielles que l'Administration aura à lui faire lui soient envoyées à son domicile plutôt qu'à son adresse d'affaires.

DÉCLARATION PAR MANDATAIRE

Les déclarations peuvent être produites par mandataires. Dans ce cas, celui qui établit une déclaration au nom d'un tiers devra indiquer qu'il agit pour le compte de telle ou telle personne ou de telle ou telle Société qu'il devra faire connaître d'une manière précise. S'il s'agit d'un particulier, il donnera les nom, prénoms, profession et adresse professionnelle aussi exacts que possible. S'il s'agit d'une Société, il aura soin de donner la dénomination sociale officielle, l'objet de la Société et l'adresse du siège social.

La loi n'impose pas au mandataire l'obligation de joindre le pouvoir qui lui a été conféré. L'Administration et la Commission auront évidemment le droit de demander cette justification. Rien n'oblige non plus le contribuable à donner un pouvoir sur papier timbré, ni à le faire enregistrer. Le pouvoir peut être donné par un contribuable sous la forme d'une simple lettre adressée au mandataire. Un télégramme constitue un pouvoir régulier. Nous conseillons cependant vivement à tous les mandataires de joindre une copie sur papier libre du pouvoir qui leur a été donné, quelle que soit la forme qu'ait revêtu ce pouvoir.

S'il importe que le mandataire puisse justifier de sa qualité vis-à-vis du Fisc et des Commissions, il importe surtout à son point de vue particulier que ce mandat soit parfaitement en règle. C'est vis-à-vis de son mandant qu'il encourt une responsabilité lourde, c'est donc vis-à-vis de son mandant qu'il devra prendre les précautions les plus minutieuses. Les termes du pouvoir devront être aussi étendus que possible, si le mandataire doit non seulement signer la déclaration du mandant, mais s'il a le pouvoir d'établir comme bon lui semble le chiffre des bénéfices frappés d'impôt. C'est une responsabilité grave que d'établir le compte de bénéfice du mandant lorsque la contribution est, comme dans l'espèce, une contribution lourde atteignant 60 % des bénéfices réalisés. Nous ne pouvons donc que conseiller aux mandataires d'agir avec la plus extrême circonspection et la plus grande prudence.

DÉCLARATION FAITE AU NOM DES SOCIÉTÉS

Dans les Sociétés en nom collectif, la déclaration peut être faite, en règle générale, par l'un des associés, si les statuts donnent à tous les associés la signature sociale. Néanmoins, celui qui prendra la responsabilité d'établir la déclaration agira prudemment en la soumettant à l'approbation de ses co-associés.

Dans les Sociétés en commandite simple, s'il n'y a qu'un gérant, c'est le gérant qui doit établir et signer la déclaration relative aux bénéfices de guerre. Les commanditaires seraient mal venus à contester la déclaration du gérant, à moins que celui-ci n'ait commis une faute lourde. S'il y a plusieurs gérants, ils sont unis entre eux par les liens qui président à l'association en nom collectif. Ils devront, par conséquent, prendre des précautions analogues à celles que nous venons d'indiquer en ce qui concerne les Sociétés en nom collectif. *

L'Administrateur-Délégué d'une Société anonyme ou le Directeur a, à notre avis, pouvoir pour signer la déclaration. Ils agiront tous deux prudemment en soumettant le projet de déclaration au Conseil d'administration et en demandant que ce projet soit approuvé, d'une manière très explicite, au cours d'une séance du Conseil, dont le procès-verbal devra être libellé de telle manière qu'il ne puisse pas y avoir de doute et qu'il couvre complètement la responsabilité de l'Administrateur-Délégué ou du Directeur.

RÉCÉPISSÉS DES DÉCLARATIONS

Il est délivré, par le Directeur des Contributions directes, un récépissé des déclarations faites par les contribuables.

Les contribuables devront exiger la délivrance de ces récépissés pour avoir la preuve certaine qu'ils ont fait la déclaration dans le délai de la loi.

DÉCLARATION NÉGATIVE

Les contribuables dont les bénéfices supplémentaires n'ont pas été supérieurs à la normale de 5,000 francs par an sont autorisés à souscrire une déclaration négative et à l'adresser au Directeur des Contributions directes. Cette précaution leur assurera la tranquillité.

Les personnes qui ont réalisé des bénéfices exceptionnels ont également le droit de souscrire cette déclaration négative si leurs bénéfices exceptionnels n'ont pas dépassé 5,000 francs par an.

---

* La Commission Supérieure a décidé que la déclaration signée par le gérant engage la Société et que la Société est par conséquent mal fondée à demander l'annulation d'une déclaration qu'elle ne ratifie pas. (*Décision du 11 mai 1917.*)

Type de la formule officielle de déclaration

DÉPARTEMENT

d

COMMUNE

d (3)

MODÈLE N° 1

Date de la réception par le Directeur :

N° d'enregistrement :

CONTRIBUTION EXTRAORDINAIRE

SUR LES BÉNÉFICES EXCEPTIONNELS ET SUPPLÉMENTAIRES

RÉALISÉS PENDANT LA GUERRE

(Loi du 1er juillet 1916)

COPIE DE VOTRE DÉCLARATION

DÉCLARATION

souscrite pour l'établissement de la contribution afférente à la période s'étendant

du .... *19*...... *au* .... *19*...... (1)

par (2) ....

....

à (3) ....

rue .... n° ....

(1) La contribution est établie distinctement pour la période s'étendant du 1er août 1914 au 31 décembre 1915 et pour chacune des années suivantes.

(2) Désignation de la personne ou de la société que concerne la déclaration.

(3) Lieu de l'exploitation unique ou principale, et, à défaut d'exploitation, lieu du domicile, s'il s'agit d'un particulier; — lieu du siège social s'il s'agit d'une Société.

Date de l'accusé de réception : 1917

NOTA

Les indications faisant l'objet de la déclaration devront être consignées sous le titre I (*Bénéfices supplémentaires*), pages 2 et 3 ou sous le titre II (*Bénéfices exceptionnels*), page 4, suivant la catégorie dans laquelle rentrent les bénéfices déclarés.

I. Sont considérés comme *bénéfices supplémentaires*, les bénéfices réalisés par les personnes ou sociétés passibles de la contribution des patentes ou de la redevance proportionnelle des mines, *en sus du bénéfice normal* que comportent les entreprises qu'elles exploitaient avant la guerre, ou qu'elles ont créées postérieurement dans les conditions ordinaires du commerce et de l'industrie.

II. Sont considérés comme *bénéfices exceptionnels*, les bénéfices qui, ne rentrant pas dans la catégorie précédente, ont été réalisés :

Par des personnes ayant passé des marchés soit directement, soit comme sous-traitants, pour des fournitures destinées à l'État ou à une administration publique;

Par des personnes ayant accompli des actes de commerce, en vue du même objet, à titre accidentel ou en dehors de leur profession habituelle;

Par des personnes ayant prêté leur concours pécuniaire ou leur entremise moyennant rémunération, redevance ou commission, pour la conclusion d'un marché de fournitures.

Ne sont pas passibles de la contribution extraordinaire, les agriculteurs ayant vendu à l'État les seuls produits de leurs exploitations.

I. BÉNÉFICES SUPPLÉMENTAIRES

Lorsque plusieurs entreprises *distinctes* sont exploitées en France par la même personne ou société, les renseignements qui doivent être consignés ci-après sont ceux qui concernent *l'ensemble des exploitations*; la déclaration doit, dans ce cas, être accompagnée d'une note annexe présentant séparément les mêmes indications pour chacune des exploitations, conformément à la loi.

§ A. Renseignements relatifs aux opérations professionnelles.

1° NATURE DES OPÉRATIONS	2° LIEU DE LA SITUATION DES ÉTABLISSEMENTS

§ B. Bénéfice normal annuel.

1° Le bénéfice normal annuel est constitué, d'après la loi, par la moyenne des bénéfices nets réalisés pendant les trois exercices antérieurs au 1er août 1914, ou pendant la durée de la période d'exploitation antérieure au 1er août 1914, si cette période ne comprend pas trois exercices.

Montant du bénéfice normal. . . . . francs.

2° Si le déclarant ne veut ou ne peut déterminer le bénéfice normal d'après le mode ci-dessus indiqué, il évaluera ce bénéfice, soit à 6 p. 100 des capitaux engagés, soit à 30 fois le principal de la patente, soit à 5,000 francs, suivant que l'une ou l'autre évaluation lui est le plus favorable, et il inscrira le résultat de cette évaluation sur celle des lignes suivantes qui est réservée à cet effet :

a) 6 p. 100 des capitaux engagés . . . . francs.

b) 30 fois le principal de la patente. . . . . francs.

c) Minimum de 5,000 francs. . . . . francs.

§ C. Détermination du bénéfice supplémentaire.

1° Bénéfice net réalisé pendant la période d'imposition. . . . . francs.

2° Bénéfice normal (*a*). . . . . francs.

3° Différence formant le bénéfice supplémentaire. . . . . francs.

(*a*) Pour les périodes d'imposition comprenant plus ou moins de 12 mois, le bénéfice normal à retrancher du bénéfice réel est obtenu en majorant ou réduisant le bénéfice normal annuel (§ B) proportionnellement au nombre de mois compris dans la période d'imposition.

En ce qui concerne notamment la période d'imposition s'étendant du 1er août 1914 au 31 décembre 1915, le bénéfice normal annuel doit être majoré de cinq douzièmes.

§ D. Renseignements que le déclarant doit fournir, d'après la loi, au sujet des déductions dont il a tenu compte pour le calcul du bénéfice net ci-dessus indiqué (§ C, 1°).

1° Affectation à la réserve légale . . . . francs.

2° Amortissement habituel des bâtiments et du matériel. . . . . francs

3° Amortissements supplémentaires nécessités soit par les dépréciations exceptionnelles du matériel et de l'outillage résultant d'une prolongation de la durée du travail journalier, soit par le fait d'installations ou de dépenses spécialement effectués en vue de fournitures de guerre . . . . francs.

4° Pertes résultant de l'exploitation déficitaire d'une ou plusieurs entreprises pendant la période d'imposition. . . . . francs.

5° Déduction correspondant à l'intérêt à 6 p. o/o des capitaux engagés dans des entreprises situées en pays envahi ou sinistrés, ainsi qu'aux amortissements habituels de ces entreprises, si cette déduction n'a pas été opérée au titre des pertes d'exploitation (4° ci-dessus). . . . . francs.

§ E. Renseignements divers.

Le déclarant consignera dans ce cadre, et au besoin sur une feuille distincte, toutes explications qu'il jugerait utile de fournir, notamment au sujet des capitaux engagés dans ses entreprises; il y inscrira l'énumération des copies ou extraits de pièces comptables (bilan, compte de profits et pertes, compte de frais généraux, etc.) et autres documents ou notes annexes produits à l'appui de la déclaration.

II. BÉNÉFICES EXCEPTIONNELS

Montant total des bénéfices réalisés	francs
Déduction prévue par la loi.	5,000 francs
Différence constituant le bénéfice imposable	francs

Renseignements divers.

Le déclarant indiquera dans ce cadre à quel titre il a réalisé les bénéfices exceptionnels ci-dessus déclarés. Il y consignera également les justifications qu'il jugerait à propos de fournir au sujet du montant de ces bénéfices.

Les indications consignées sur la présente déclaration sont certifiées exactes par le soussigné.

A ...., le ....1917.

Signature :

Qualité du signataire, si la déclaration est souscrite soit par un mandataire, lequel devra justifier du mandat qui lui a été donné, soit au nom d'une société :

La présente déclaration, dont il sera accusé réception, doit être adressée sous pli affranchi au Directeur des Contributions directes du département dont la désignation aura été portée en tête de la première page de la formule.

CHAPITRE III

LA DÉCLARATION DES BÉNÉFICES SUPPLÉMENTAIRES

LE BÉNÉFICE NORMAL

Tout patenté ou tout exploitant de mines qui a, pendant la guerre, réalisé des bénéfices en excédent sur les bénéfices normaux, doit la contribution de guerre sur cet excédent.

Pour établir le chiffre de cette contribution, il faut donc étudier :

1° le bénéfice normal antérieur à la guere,

2° le bénéfice net réalisé pendant la guerre, sous la réserve des déductions autorisées par la loi.

BÉNÉFICE NORMAL RÉVÉLÉ PAR LES LIVRES

Le bénéfice normal, dit la loi, est établi par la moyenne des produits nets réalisés au cours des trois exercices antérieurs au 1er août 1914, tels qu'ils apparaissent dans la comptabilité de l'assujetti.

Le législateur, en effet, n'a pas voulu déterminer lui-même les règles d'établissement du bénéfice commercial ou industriel. Il a adopté ce principe très sage qui consiste à dire à chaque assujetti : « Qu'avez-vous gagné avant la guerre, bon an mal an ? Ouvrons vos livres, examinons les résultats que vous y avez vous-même indiqués. Nous les acceptons pour déterminer votre bénéfice normal. Vous établirez ensuite, d'après ces mêmes bases, le calcul des bénéfices nets que vous avez réalisés pendant la guerre et ce chiffre sera le second élément de la comparaison ».

Aucune difficulté de principe, par conséquent, lorsqu'il s'agit de patentés, dont les livres sont régulièrement tenus * et qui exerçaient leur profession depuis plus de trois ans au moment de la déclaration de guerre. Voici un patenté dont les livres donnent les résultats suivants :

Année 1911............	Bénéfices	10.000
Année 1913.............	id.	15.000
		25.000
Année 1912.............	Pertes.................	8.000
	Reste........	17.000

Le bénéfice normal de ce patenté est donc égal à 17.000 francs divisé par 3, soit à 5.666 francs par an. **

---

* Nombre de patentés n'ont cependant pu fournir aux Commissions de taxation la documentation demandée. Cela tient au fait qu'en France la comptabilité légalement obligatoire est archaïque et que même pour les comptabilités plus complètes que celle prévue par le Code de commerce, la liberté est laissée à chacun de suivre sa fantaisie. Une réglementation précise devrait intervenir aussi bien en matière de Sociétés anonymes qu'au point de vue du chef d'entreprise maître de ses capitaux et il est vraisemblable que les nouvelles lois fiscales entraîneront cette amélioration qui profitera au contribuable plus encore qu'au Fisc. Toujours est-il que des Commissions ont rencontré des comptabilités très précises, régulièrement tenues qui ne se terminaient pas par un bilan — que, ailleurs, elles ont trouvé des balances arrêtées au crayon — que des commerçants ont été dans l'impossibilité de fournir le compte d'exploitation. Ce sont des lacunes dont on ne peut faire grief au contribuable. Maître chez lui, il a tenu — surtout avant la loi du 1er juillet 1916 — ses comptes comme il a voulu. Le tout est de rechercher s'il les a tenus de bonne foi ou si ces lacunes apparentes couvrent d'habiles supercheries, ce qui n'était pas le cas dans les espèces que nous visons.

** **Reprise d'une exploitation en cours de guerre.** — Un industriel exploitait un moulin en 1914-1915. Le 1er janvier 1916 il s'annexe une affaire singulièrement plus importante, qui avait réalisé des bénéfices en 1914 et 1915 et avait pris comme bénéfice normal pour cette période l'intérêt du capital engagé. Ce négociant n'est point tenu de prendre le même forfait de base pour la déclaration de bénéfices de 1916. Peut-il prendre comme bénéfice normal de ses deux usines la moyenne des bénéfices réalisés avant guerre dans chacun de ces établissements : cette solution nous paraît absluoment conforme à la loi.

EXERCICES COMPTABLES. — ANNÉE NORMALE

Tout d'abord, les exercices commerciaux peuvent ne pas concorder avec l'année normale. Beaucoup de commerçants ou d'industriels arrêtent leurs écritures à des dates essentiellement variables. Quelles seront donc les trois années à prendre comme base de bénéfices? Ce sont les trois exercices terminés avant le 1er août 1914. Si par exemple les écritures du commerçant sont arrêtées au 30 mars de chaque année, les trois exercices antérieurs à la guerre sont les trois exercices comptables ayant pris fin le 30 mars 1912,

Le 30 mars 1913,

Le 30 mars 1914.

La période d'affaires du 1er avril au 30 juillet 1914 n'entrera pas en ligne de compte.

Si les exercices comptables étaient arrêtés le 30 août de chaque année, il faudrait, appliquant le même principe, conclure que les trois exercices antérieurs aux hostilités et devant servir à déterminer le bénéfice normal moyen sont les exercices qui ont pris fin :

Le 30 août 1911,

Le 30 août 1912,

Le 30 août 1913,

et toute la période d'affaires du 1er septembre 1913 au 31 juillet 1914 devrait être laissée de côté.

Nous estimons que cette règle ne doit pas être poussée jusqu'à l'extrême et qu'il peut se présenter nombre de circonstances qui doivent la faire fléchir.* Les

---

* Le cas s'est présenté dans les conditions de fait suivantes : un industriel dont les exercices comptables prenaient fin le 31 décembre, a choisi comme base du bénéfice normal :

Cinq douzièmes de 1911.

L'année 1912.

L'année 1913.

Sept douzièmes de 1914 (janvier fin-juillet).

L'année 1911 était, en effet, pour lui une année désastreuse et les autres, 1912-1913 et 1914, des années excellentes. La Commission de taxation de l'Isère a refusé ce mode de calcul et a pris comme base les exercices 1911, 1912 et 1913, laissant complètement de côté les sept premiers mois de 1914. Cette solution est strictement conforme au texte de la loi : elle est contraire à son esprit et à l'équité, qui tend à prendre comme point de comparaison la situation la plus réellement exacte.

Autre exemple : un industriel qui avait exploité pendant l'exercice 1911-1912 avait, à la suite d'un incendie, cessé son exploitation en 1912-1913 et l'avait reprise en 1913-1914. Il a demandé à établir son bénéfice normal sur les deux exercices 1911-1912, 1913-1914 et à prendre une moyenne, ce qui était équitable. La Commission de taxation du Rhône a seulement admis l'exercice 1913-1914 comme base du bénéfice normal. Cette décision nous paraît difficile à justifier, d'autant que pour dégager le bénéfice supplémentaire, l'Administration n'admet pas dans notre hypothèse, qu'on prenne les 5/12 du bilan du 31 décembre 1914 mais recommande aux Commissions de "dégager les résultats effectifs de ces mois de guerre". Ce qui est vrai à son profit doit être vrai quand l'intérêt du contribuable est seul en jeu.

patentés ont intérêt, en effet, à ce que leur bénéfice normal antérieur à la guerre soit le plus élevé possible, parce que plus il y aura de bénéfice normal, moins il y aura de bénéfice supplémentaire et partant plus léger sera l'impôt. Si donc, dans l'exemple que nous venons de citer — et qui est un des cas extrêmes — le chiffre du bénéfice normal devait être influencé d'une manière importante par les onze mois de l'exercice en cours au moment de la déclaration de guerre, le contribuable demandera à ce qu'il lui soit tenu compte de cette situation. Supposons, en effet, que ce patenté, dont les écritures comptables, loyales et sincères, sont arrêtées au 30 août de chaque année, établisse les résultats suivants :

Exercice ayant pris fin au 30 août 1911. — Pertes......... 50.000
Idem 30 août 1912. — Bénéfices...... 20.000
Idem 30 août 1913. — Idem.......... 60.000

Exercice en cours au moment de la déclaration de guerre — onze mois — bénéfices.. 110.000

Le bénéfice normal sera tout à fait différent suivant que l'on tiendra compte uniquement des trois exercices antérieurs à la guerre ou suivant que l'on acceptera de faire entrer en ligne de compte les onze mois de l'exercice en cours au moment de la déclaration de guerre.

Dans la première hypothèse son bénéfice normal s'établit comme suit :

20.000 + 60.000 = 80.000 — 50.000 = 30.000. — Bénéfice normal annuel 10.000 fr.

Dans la seconde hypothèse : 20.000 + 60.000 + 120.000 (ce qui serait le chiffre du bénéfice des douze mois de l'année en cours, puisque le chiffre moyen mensuel est de 10.000 francs) = 200.000. — Bénéfice normal annuel moyen 66.666 francs.

Il serait absolument contraire à l'équité que la Commission s'en tînt au texte même de la loi et refusât de faire entrer en ligne de compte les résultats acquis par ce patenté au cours du dernier exercice.[*]

PATENTES REMONTANT A MOINS DE TROIS ANS AVANT LA GUERRE

Si les patentés ou les concessionnaires des mines n'ont créé leur industrie ou leur commerce que moins de trois ans avant la guerre, on ne peut naturellement faire entrer en ligne de compte, pour l'établissement du bénéfice normal, que le temps écoulé. Si un commerçant s'est installé en octobre 1911, il ne pourra représenter que deux exercices complets antérieurs à la guerre :

Octobre 1911 à fin septembre 1912,
Octobre 1912 à fin septembre 1913,

plus, le laps de temps qui s'est écoulé entre le 1er octobre 1913 et le 30 juillet 1914.

---

[*] La Commission Supérieure n'a point adopté ce point de vue et a rejeté le recours d'un contribuable qui demandait que l'on calculât ainsi son bénéfice normal (*Décision du 27 avril 1917*). Il faut donc abandonner ce système, la décision de la Commission Supérieure tranchant définitivement la question.

Comme dans l'espèce que nous avons examinée plus haut, il est certain que les dix mois dont s'agit devront entrer en ligne de compte et que le patenté devra établir son bénéfice normal, soit en divisant par le nombre des mois écoulés (34) le chiffre total des bénéfices réalisés depuis octobre 1911, — soit en évaluant les résultats qu'aurait donnés le dernier exercice s'il avait duré douze mois, la base étant le bénéfice mensuel réalisé pendant les dix mois d'exercice.

Si la profession n'a pas été exercée pendant une année entière avant la déclaration de guerre, le patenté pourra prendre comme bénéfice normal le bénéfice forfaitaire fixé à

Trente fois le principal de la patente,
Ou à 6 % des capitaux engagés,
Ou à 5.000 fr. minimum ;

car, généralement, les résultats obtenus au cours des premiers mois de l'exercice d'une profession sont tout à fait différents de la normale.

BÉNÉFICE NORMAL ÉTABLI PAR FORFAIT*

FORFAIT MINIMUM DE 5.000 FRANCS

La loi a, en effet, donné à tout patenté ou à tout exploitant des mines le choix entre deux solutions pour établir son bénéfice normal antérieur à la guerre :

Ou bien c'est le chiffre que révèle la comptabilité,
Ou bien c'est un des trois forfaits suivants :

5.000 francs au minimum de bénéfice annuel ;
6 % des capitaux réellement engagés et rémunérés ;
30 fois le principal de la patente.

Le forfait de 5.000 francs au minimum de bénéfice annuel ne demande aucune explication. Le forfait, pour la première période d'imposition qui a été de 17 mois, a dû être augmenté de cinq douzièmes (août 1914-fin décembre 1915).

---

* **Pourcentage Standard.** — Certaines maisons n'ayant pas de comptabilité d'avant-guerre et ne connaissant que leur chiffre d'affaires antérieur à la guerre ont eu l'idée de calculer leur bénéfice normal en appliquant à ce chiffre d'affaires le même pourcentage de bénéfices que celui réalisé pendant la période de guerre. Exemple : un commerçant pendant la guerre a, pour une année déterminée, réalisé 10.000.000 d'affaires qui ont laissé un bénéfice de 750.000 francs ; il a donc comme bénéfice 7,5 %. Si avant la guerre, il faisait 800.000 francs d'affaires, a-t-il le droit d'appliquer à ce chiffre d'affaires le coefficient de bénéfices de 7,5 % et d'évaluer son bénéfice normal à 60.000 francs ? Cette solution, juste et logique, acceptée par des législations étrangères, est contraire à la législation française et doit par conséquent être rejetée.

** **Changement de profession dans l'après guerre.** — Un contribuable a fait le commerce de dentelles au détail à partir de 1914. Avant 1914, il exerçait le commerce de chaussures. Il a prétendu déduire de son bénéfice réalisé comme marchand de café, le bénéfice normal qu'il réalisait avant la guerre comme marchand de chaussures.

La Commission Supérieure, saisie du recours, a décidé que :

Considérant qu'en recherchant le produit net moyen des trois exercices antérieurs au 1er août 1914, le législateur a eu pour but de déterminer le bénéfice que l'assujetti aurait retiré de son commerce ou de son industrie pendant la période pour laquelle est établi l'imposition, si ce commerce ou cette industrie avaient continué à s'exercer dans les circonstances normales du temps de paix ; qu'on ne saurait, dès lors, comprendre dans l'évaluation du bénéfice normal les résultats afférents à une profession entièrement différente de celle que le contribuable a exercée pendant la période d'imposition ; que, par suite, c'est avec raison que la Commission du premier degré, n'a tenu aucun compte des bénéfices qu'avait pu réaliser le sieur X..., antérieurement à 1914, dans le commerce des dentelles. (Décision du 26 février 1917).

FORFAIT DE 6 % DES CAPITAUX ENGAGÉS. — DÉFINITION

Qu'entend-on par capital réellement engagé et rémunéré? Évidemment, cette formule comprend les fonds qu'un particulier a investis dans sa propre entreprise, le capital réellement versé dans les sociétés*. Le forfait, dit l'Administration, ne comprend pas les capitaux empruntés à des tiers, — ni, dans les sociétés, le capital obligations. La question est cependant délicate, le texte de la loi manquant évidemment de clarté. C'est dans le paragraphe 3 de l'article 2 que le législateur a fixé le forfait dont s'agit : " **le bénéfice normal ne peut en aucun cas être évalué à une somme inférieure...... à 6 % des capitaux réellement engagés par lui** (le contribuable) **et rémunérés dans son entreprise, tels qu'ils résultent d'actes, de livres de commerce régulièrement tenus ou d'autres preuves certaines.** " Les mots " par lui " qui pouvaient ne pas prendre l'importance capitale que l'Administration leur a donnée, dominent cependant tout le débat.

Contre la thèse de l'Administration, il est facile de faire valoir les arguments suivants : voici deux chefs d'entreprise qui ont engagé chacun cent mille francs dans leur affaire; le premier a placé ses propres capitaux dans son entreprise, le second les a empruntés entièrement. Au premier, vous donnerez un bénéfice normal de six mille francs, au second, un bénéfice normal de " néant ". Cette conclusion paraît tout à fait injuste, car c'est en somme refuser le bénéfice du forfait dont s'agit à ceux qui travaillent avec des capitaux d'emprunt.

Il est aisé de répondre que les forfaits créés par le législateur n'ont eu d'autre but que de permettre au contribuable de ne point révéler, si bon lui semblait, les résultats de son exploitation antérieure à la guerre; — qu'en principe cependant, la comparaison entre le bénéfice normal d'avant-guerre et le bénéfice de guerre doit évidemment résulter des livres eux-mêmes, c'est-à-dire de la vérité et de la réalité des faits. Tout autre procédé est un procédé empirique, auquel le contribuable n'a recours que s'il lui est profitable, c'est-à-dire s'il lui donne un résultat supérieur à la moyenne réelle des bénéfices des trois années d'avant-guerre. Il y a donc peu d'intérêt à ce que le forfait s'applique ou ne s'applique pas dans certains cas déterminés.

On ajoute à cela que si l'on fait entrer en ligne de compte la totalité des capitaux engagés, — empruntés ou non, — plus une entreprise est obérée plus elle aura de bénéfice normal, ce qui évidemment est une inconséquence.

Enfin, puisque l'intérêt payé au capital d'emprunt est une charge de l'entreprise et est déduite du bénéfice imposable, la situation de celui qui travaille avec son propre argent est identique à la situation de celui qui travaille avec l'argent d'autrui. Cela n'est point absolument exact, car dans l'hypothèse que nous avons prise plus haut, si le chef d'entreprise a emprunté les cent mille francs dont nous parlons au taux de 4 %, il n'a payé annuellement que quatre mille francs d'intérêts et il a par conséquent réalisé par voie de comparaison avec l'autre chef d'entreprise, un bénéfice normal de 2.000 francs. La loi n'est point entrée dans ces

---

* Les « **réserves** » sont ajoutées au capital nominal pour le calcul du forfait. Il en est de même pour le « **report à nouveau** » qui joue le rôle d'une véritable réserve. De même également pour les **provisions** mises en réserve en vue de payer la contribution de guerre, tant qu'elles restent au bilan, c'est-à-dire jusqu'à la décision de la Commission Supérieure, l'appel étant suspensif du paiement dans l'état actuel de la législation. (Voir *Projet de loi du Gouvernement* aux annexes à ce sujet).

menues considérations de détail. Elle a posé un principe général devant lequel il faut s'incliner. Si le forfait vous est défavorable, deux autres forfaits vous sont ouverts.

Le capital engagé par le ou les chefs d'entreprise dans une affaire doit comprendre les capitaux des comptes courants des chefs de l'entreprise ou des associés, surtout si le pacte social prévoit le principe du compte courant.

ANALOGIE AVEC LA DÉDUCTION DU 6 % DES CAPITAUX EN PAYS ENVAHI

Il importe de remarquer qu'il y a une analogie certaine entre le § 3 de l'article 2 qui établit ce forfait de 6 % des capitaux réellement engagés et rémunérés dans une entreprise avec le n° 2 du § 2 de l'article 3, qui autorise la déductino **"des sommes correspondant à l'intérêt à 6 % des capitaux employés dans les entreprises situées en pays envahi ou des entreprises sinistrées"**. L'expression "capitaux employés" doit évidemment avoir le même sens dans un article comme dans l'autre.

Reprenant l'exemple que nous avons donné plus haut, voici deux réfugiés qui ont réalisé dans la zone de l'arrière des bénéfices imposables, mais qui possèdent des entreprises dans les régions envahies. Chacune de ces entreprises comporte un capital de cent mille francs, appartenant en propre, dans un cas, au chef de l'entreprise, — totalement emprunté dans l'autre cas. Les intérêts que ce second chef d'entreprise paie à son prêteur, quel qu'en soit le taux, sont une charge de l'entreprise. Ils constituent un des éléments de la perte que ce chef d'entreprise subit dans les pays envahis. Or, ces pertes sont déductibles des bénéfices réalisés. Par conséquent, l'intérêt que ce second chef d'entreprise aura payé annuellement pendant la guerre à ses prêteurs — ou leur devra après la guerre pour la période de guerre, — viendra en déduction du bénéfice actuellement imposable, comme *perte subie dans une des entreprises exploitées*. Il sera déduit de ce chef les 4, 5 ou 6 % d'intérêts payés aux prêteurs. Si l'interprétation contraire à celle que soutient actuellement l'Administration prévalait, on devrait autoriser ce réfugié à déduire *en plus* l'intérêt à six pour cent de la totalité des capitaux engagés dans l'affaire. Cet industriel aurait donc sur l'autre l'avantage de déduire en outre des intérêts à 6 % par hypothèse du capital engagé une autre somme de 6 % à titre de perte sur une exploitation en pays envahi. Si l'on accepte la thèse de l'Administration, cette anomalie ne se produit pas.

Capitaux d'emprunt. — Les sommes empruntées ne font pas partie du capital engagé donnant lieu à un prélèvement de 6 % pour établir le forfait du bénéfice normal :

Considérant qu'il résulte de l'instruction que la somme de 90.000 francs prêtée à la Société requérante par la dame Z... donne lieu au paiement d'un intérêt annuel et fixe, versé avant toute répartition des bénéfices, et constitue une obligation de ladite Société; qu'ainsi ladite somme ne saurait être regardée comme rentrant dans la catégorie des capitaux réellement engagés dans l'entreprise et visés par l'article 3 de la loi du 1er juillet 1916; que, par suite, c'est avec raison que la Commission du premier degré n'en a pas tenu compte pour la détermination du bénéfice normal de la Société, à raison de 6 % des capitaux réellement engagés. (Décision du 10 mars 1917).

CAPITAUX ENGAGÉS PENDANT LA PÉRIODE D'IMPOSITION. — AUGMENTATION

A quelle époque faut-il se placer pour apprécier le montant du capital ainsi engagé?

La loi a voulu que commerçants ou industriels ne puissent pas être imposés sur les bénéfices tant que ceux-ci n'ont pas atteint une somme égale à l'intérêt à 6 °/₀ du capital engagé. Aux yeux du législateur tout ce qui est en deçà est du bénéfice normal — non imposable — tout ce qui est au delà est du bénéfice exceptionnel dû aux circonstances, du bénéfice supplémentaire, partant imposable. C'est donc le capital engagé pendant la période imposée qui doit être pris comme base. Ce forfait pourra varier chaque année, suivant que le capital aura été augmenté ou diminué.

Si le capital a été augmenté pendant une période d'imposition, on fait naturellement une moyenne pour établir le forfait. Un chef d'entreprise qui avait engagé dans les affaires du 1er janvier au 31 mars 700.000 francs, a apporté son industrie à une Société anonyme qui a été créée au capital de 3.000.000. Le capital moyen est égal, pour la période d'imposition envisagée, à 3/12 de 700.000 francs et à 9/12 de 3.000.000.

FORFAIT DE TRENTE FOIS LE PRINCIPAL DE LA PATENTE.— DÉTERMINATION DE LA PATENTE ENVISAGÉE

Une loi en date du 2 juin 1916 a tranché la question de la détermination de la patente qui doit servir de base au calcul du forfait.

L'Administration des Finances avait elle-même modifié sa manière de voir sur cette question particulièrement délicate en décembre 1916; elle acceptait comme patente de base la patente de la période d'imposition; c'est-à-dire la patente du temps de guerre.

Or, la loi du 1er juillet 1916 a, pour tous les fournisseurs de l'État, augmenté considérablement le taux ancien de la patente, en créant un droit proportionnel de 25 centimes % sur le montant des marchés passés avec l'État ou les Administrations publiques. Tous les fournisseurs de guerre se trouvaient donc dans une situation privilégiée puisqu'ils pouvaient invoquer comme forfait un chiffre donné en multipliant ce droit proportionnel par le coefficient de 30. L'État était lésé dans des proportions très graves. L'Administration des Finances, après une nouvelle étude des travaux préparatoires modifia sa manière de voir, mais cette modification elle-même était un argument en faveur de tous ceux qui s'attachaient à la première interprétation. Il fallut une loi interprétative qui porte la date du 2 juin 1917 pour trancher définitivement cette question. L'article unique de cette loi est ainsi conçu :

Pour l'application de l'article 5 de la loi du 1er juillet 1916, le principal de patente susceptible de servir de base à l'évaluation forfaitaire du bénéfice normal doit s'entendre de la moyenne des principaux de la patente se rapportant aux trois dernières années antérieures à 1914.

Si le contribuable n'a été patenté que postérieurement au 1er juillet 1911, l'évaluation forfaitaire du bénéfice normal sera effectuée d'après la moyenne des principaux de la patente imposée jusqu'au 1er août 1914.

CONSÉQUENCES DE LA LOI. — SA PORTÉE. — RÉTROACTIVITÉ

1° Toutes les déclarations qui ont pris pour bénéfice normal le forfait de trente fois le principal de la patente d'un exercice de guerre sont inopérantes, même celles relatives à l'exercice du 1er août 1914 au 31 décembre 1915. La loi a indiscutablement un effet rétroactif. Que les déclarations dont s'agit aient ou non été acceptées par les Commissions du premier degré, qu'elles soient des déclarations faisant ressortir un bénéfice taxable ou des déclarations négatives, toutes ces déclarations vont être *revisées*. La Commission du premier degré avisera l'intéressé et lui impartira un nouveau délai pour faire une déclaration adoptant un autre mode de calcul du bénéfice normal.

Si la déclaration du contribuable a été acceptée par la Commission du premier degré, la Commission considérera que l'imposition n'est pas définitive, qu'il y a eu insuffisance de taxation et provoquera une nouvelle déclaration de la part du contribuable. L'article 15 de la loi du 1er juillet 1916 lui en donne le droit.

Toutes ces nouvelles déclarations ou toutes ces déclarations modifiées seront examinées par les Commissions du premier degré : les contribuables et l'Administration conserveront les voies de recours ordinaires contre la décision de la Commission du premier degré (Recours à la Commission Supérieure — puis recours au Conseil d'État).

USINES ET COMMERCE DE GUERRE. — PLUS DE FORFAIT DE 30 FOIS LA PATENTE

2° Les contribuables qui n'ont fait d'opérations que postérieurement au 1er août 1914 n'ont plus pour établir leur bénéfice normal que deux bases forfaitaires :

6 % du capital engagé,

5.000 francs de bénéfice minimum.

Ils n'ont plus en effet le forfait de trente fois le principal de la patente, puisqu'il est maintenant décidé qu'il s'agit des patentes d'avant-guerre et que ces contribuables n'étaient pas patentés avant la guerre.

Ils n'ont pas la possibilité de révéler le bénéfice normal réel indiqué par les livres, puisqu'encore une fois ils n'étaient pas installés avant guerre. La loi ne leur laisse donc que les deux forfaits ci-dessus indiqués et elle considère que le taux de 6 % du capital engagé correspond à un bénéfice normal de temps de paix. Tout ce qui excède ce 6 % constitue donc un bénéfice supplémentaire imposable. Cette affirmation, répétée par le Sous-Secrétaire d'État aux Finances, à la séance du Sénat du 31 mai 1917, que le bénéfice normal d'un commerçant ou d'un industriel, avant-guerre, peut être évalué à 6 % du capital qu'il a engagé dans son entreprise révèle une conception des affaires que par politesse nous qualifierons de "parlementaire". Vraiment au moment où l'on fait appel à toutes les énergies et à toutes les initiatives, au moment où la renaissance économique devrait être déjà la préoccupation de nos gouvernants, prétendre que 6 % constituait un bénéfice normal — que toutes les sommes qui excèdent ce taux sont bonnes à frapper d'un impôt lourd, — c'est décourager par avance toutes les bonnes volontés sur lesquelles on avait le droit de compter. Il faut que les parlementaires comprennent ce qu'est un risque commercial ou industriel, qu'ils sachent les efforts de chaque jour qu'exige la direction d'une entreprise, les anxiétés qu'elle apporte, les responsabilités qui en surgissent. Si nous ne voulons plus être un peuple de rentiers, si nous voulons que nos enfants entreprennent de grandes affaires et aillent porter jusque dans nos colonies et dans les pays lointains leur énergie et leur intelligence, il faut laisser la marge de bénéfices alléchants et ne pas montrer cet esprit mesquin et tatillon qui a entravé toutes les hardiesses jusqu'à ce jour. Non, il n'est pas vrai de dire qu'un industriel qui a engagé dans les affaires un capital de cent mille francs était normalement rémunéré de son temps, de sa peine, de ses risques par un bénéfice de 6 % ou qu'il le serait aujourd'hui s'il gagnait 12.000 francs par an. A ces taux, il vaut mieux ne rien tenter et ne rien risquer. Quoiqu'il en soit, c'est sur cette base que sera calculé le bénéfice de tous ceux qui n'ont fait d'opérations qu'à partir du 1er août 1914. Le Parlement paraît avoir confondu les industriels de rencontre, les profiteurs de la guerre et les vrais industriels, ceux qui ont aidé à la Défense nationale. La même règle n'aurait évidemment pas pu régir deux cas aussi dissemblables.

PATENTE DES COMMERCES A SUCCURSALES MULTIPLES

La loi du 27 février 1912 a augmenté le principal de la patente des maisons à succursales multiples. Il est bien entendu que c'est sur le principal ainsi augmenté que doit être calculé le forfait.

LE BÉNÉFICE NORMAL ADOPTÉ POUR UNE DÉCLARATION S'IMPOSE-T-IL AU CONTRIBUABLE JUSQU'A LA FIN DE LA GUERRE?

Le contribuable a le choix entre le système de la révélation du bénéfice antérieur à la guerre ou le système du forfait pour établir son bénéfice normal. Quand il a adopté l'un des modes d'établissement que la loi met à son choix, rien ne l'oblige à conserver ce même mode d'établissement du bénéfice normal jusqu'à la fin de la guerre. D'ailleurs, il y a des forfaits qui sont par eux-mêmes variables d'année en année. C'est par exemple le forfait de 6 % de l'intérêt des capitaux, puisqu'il est calculé sur l'intérêt même des capitaux engagés pendant la période d'imposition, chiffre qui peut varier d'année en année en plus ou en moins.

De même en ce qui concerne le forfait de trente fois le principal de la patente, si l'on n'admet pas l'interprétation nouvelle de l'Administration et si l'on continue à calculer le forfait sur la patente de l'année de l'imposition.

Le contribuable a même le droit, si le mode d'établissement du bénéfice normal qu'il a choisi est discuté par la Commission, de modifier sa déclaration en cours de période d'imposition et d'adopter un autre mode de calcul du bénéfice normal.

Modification du procédé de calcul du bénéfice normal en cours de taxation — La Commission Supérieure a décidé que le contribuable qui avait déclaré le chiffre réel de son bénéfice net (bénéfice normal révélé par les livres) n'avait pas le droit de substituer un des forfaits prévus par le paragraphe 2 de l'article 5 de la loi du 1er juillet 1916.

Considérant qu'il est établi par l'instruction que, devant la Commission du premier degré, les requérants n'ont pas déterminé leur bénéfice normal selon le forfait prévu par le paragraphe 2 de l'article 5 de la loi du 1er juillet 1916; qu'ayant remis à ladite Commission une pièce permettant d'établir le chiffre réel dudit bénéfice, ils doivent être regardés comme ayant renoncé à invoquer les dispositions de l'article ci-dessus rappelé;

Que, dans ces conditions, leur droit d'option s'étant exercé devant la Commission du premier degré, ils ne sont pas recevables à présenter devant la Commission Supérieure une déclaration nouvelle, où leur bénéfice normal serait déterminé non plus d'après son chiffre réel, mais d'après le forfait du paragraphe 2 de l'article 5 susvisé de la loi du 1er juillet 1916;

Que, dès lors, le recours de la dame X... et du sieur Y... doit être rejeté;...... (Recours rejeté). (Décision du 23 mai 1917).

Cette décision, très importante, ne doit pas être prise à la lettre. Il faut admettre que le contribuable a le droit de modifier son évaluation de base, tout au moins lorsque la Commission du premier degré a modifié certains chiffres du bénéfice supplémentaire. Le droit de redressement complète aussi bien aux commissions de taxation qu'aux contribuables eux-mêmes. Il est évident, en effet, qu'il peut se présenter nombre d'hypothèses dans lesquelles un contribuable accepte tel mode de calcul et notamment tel bénéfice normal qu'il n'accepterait pas si l'on modifiait certains points essentiels de sa propre déclaration. Il s'est même présenté souvent des hypothèses dans lesquelles il a été illogique de ne pas donner ce droit aux contribuables. Il avait établi son bénéfice normal et son bénéfice supplémentaire, en considérant comme déductibles des deux côtés des sommes dont les commissions n'ont pas admis les déductions.

Ces modifications ont souvent imposé au contribuable l'obligation de modifier le chiffre du bénéfice normal en recourant à un autre mode d'évaluation. Il est indiscutable que le contribuable a le choix entre quatre procédés d'évaluation et qu'il doit toujours pouvoir exercer son choix, même devant la Commission Supérieure, de manière à recourir au procédé qui lui apparaît comme étant le plus avantageux pour lui.

CHAPITRE IV

BÉNÉFICES SUPPLÉMENTAIRES

PRODUIT NET DE LA PÉRIODE DE GUERRE (Suite)

L'ACTIF DU BILAN

Divergences entre le point de vue comptable et le point de vue fiscal

Le législateur ne trouvant pas de base pour calculer le bénéfice net imposable, a décidé qu'industriels et commerçants continueraient à tenir leurs comptes suivant les usages commerciaux et que l'impôt frapperait le chiffre du bénéfice net ainsi mis en évidence. Les écritures comptables sont donc la base de la taxe. Mais si les chiffres sincères demeurent indiscutables, leur interprétation, au contraire, peut être différente suivant qu'on les examine au point de vue du chef de l'entreprise ou au point de vue tout à fait particulier de la taxe à payer.

Il importe donc d'étudier point par point tous les postes du " Bilan " et toutes les écritures du compte de " Profits et Pertes " pour déterminer ce qui, au point de vue fiscal, est ou non déductible. Ce sera l'objet de trois chapitres distincts.

L'actif du " Bilan " comprend, en règle générale, les éléments suivants :

FONDS DE COMMERCE. — AMORTISSEMENT NON DÉDUCTIBLE.

Le fonds de commerce figure généralement dans les écritures pour une somme qui représente ou son prix d'acquisition ou son évaluation.

Des amortissements sont, en règle générale, pratiqués sur ce chiffre, le mot "amortissement" n'étant, d'ailleurs, pas pris ici dans son sens absolument

---

Fonds de commerce. — La Commission Supérieure a nettement posé le principe que l'amortissement du fonds de commerce n'est pas déductible des bénéfices.

Considérant que, pour demander la réformation de la décision de la Commission du premier degré...... le sieur X..., invoque la nécessité où il se trouve d'amortir dans un délai de 3 ans, avant l'expiration du bail de sa maison de commerce, la valeur du compte « matériel et pas de porte »;

(Suite du renvoi page 42).

technique. Un tel amortissement, même s'il est statutaire, constitue purement et simplement une réserve de prévoyance et partant, n'est pas déductible au point de vue fiscal. Votre fonds de commerce figure, dans vos écritures, pour 300.000 francs; vous avez décidé de l'amortir tous les ans de dix pour cent. Vous créez, par conséquent, chaque année, une réserve qui ne correspond à aucune dépréciation de cette valeur active. Le fonds de commerce ne s'use pas au jour le jour; on pourrait même dire que plus les affaires prennent de développement, plus sa valeur augmente. Mais cette formule ne serait pas exacte si l'on envisage les circonstances exceptionnelles actuelles; il est incontestable en effet, que tel fonds de commerce qui pouvait figurer au bilan pour 300.000 francs lorsqu'on faisait deux millions d'affaires en temps de paix n'a pas acquis une valeur nouvelle en proportion de l'accroissement du chiffre d'affaires, si pendant la guerre, vous réalisez 20 millions d'affaires. Cependant, certaines Commissions ont eu la pensée de majorer la valeur du fonds de commerce, en raison même de cette augmentation d'affaires. Cette majoration, les Commissions seraient impuissantes à la chiffrer. Incertaine dans son principe même, elle ne pourrait être admise que si l'industriel vendait son entreprise pendant la guerre et en tirait un prix exceptionnellement anormal. Le bénéfice serait alors établi par le fait même de cette vente et par le chiffre de la réalisation. Mais, en dehors de ce cas tout à fait exceptionnel, le fonds de commerce doit être maintenu, sans majoration, pour la valeur pour laquelle il figure à l'actif; il ne doit, donc être admis aucun amortissement déductible au point de vue fiscal.

IMMEUBLES. — TERRAINS ET CONSTRUCTIONS. — AMORTISSEMENTS

Les terrains sont portés au bilan pour leur valeur d'achat ou leur prix de revient. Ils peuvent être dépréciés de la **surprime d'acquisition** qui a été payée pendant la guerre, en raison des circonstances spéciales et de la nécessité de s'agrandir vite et rapidement. D'autre part, nombre d'industriels ont acheté des terrains sur lesquels étaient élevées des maisonnettes d'habitation. Ils ont évidemment payé la valeur de la construction qui a été rasée immédiatement; il y a là une autre cause d'amortissement ou de réduction de valeur que le Fisc ne peut pas discuter.[1]

---

[1] **Surprime d'acquisition.** — La Société M.-S. a loué 16.000 francs par an un atelier de 6.000 francs dont le prix de location, en temps de paix, est de 30 000 francs. La Société de moteurs G. et B. a loué 360.000 francs un local qui, en temps de paix, valait 120.000 francs environ (*Lettre de M. R. Esnault-Pelterie à M. le Sous-Secrétaire à l'Aéronautique du 22 décembre 1915*). Ces prix de location permettent aux Commissions d'apprécier ce qu'ont dû être les surprimes d'acquisition dans les mêmes circonstances.

Considérant qu'il résulte de l'article 3 de la loi du 1er juillet 1916 qu'en dehors des amortissements habituels et de certains amortissements exceptionnels correspondant à une dépréciation effective et actuelle du matériel, il ne saurait être admis, en déduction des bénéfices bruts, des amortissements supplémentaires destinés à faire face à des dépréciations éventuelles de certains éléments de l'actif;

Considérant que dans tous les bilans de l'entreprise, antérieurs au 1er mars 1916, le compte « matériel et pas de porte » était estimé au prix de 22.000 francs, somme payée par le sieur X…, lors de l'acquisition du fonds en 1893, ainsi qu'il résulte de l'acte de société produit à l'appui de la requête;

Considérant que pour demander la déduction sur les bénéfices de la période d'imposition d'une somme de 6.600 francs affectée à l'amortissement du « pas de porte », le requérant invoque une dépréciation qui ne deviendrait effective que si le bail de sa maison de commerce n'était pas renouvelé;

Considérant que l'article 15 de la loi du 1er juillet 1916 réserve pour le contribuable la faculté de réclamer ultérieurement, à l'appui de sa déclaration pour la dernière période d'imposition, la déduction des amortissements dont il aurait été insuffisamment tenu compte les années antérieures;…

(Décision du 10 mars 1917). (Suite du renvoi page 43).

Quant aux constructions, elles sont également portées pour leur valeur ou pour leur prix de revient. Elles comportent les amortissements suivants :

1° Amortissement normal égal à **l'amortissement habituel antérieur.** Cet amortissement varie entre 5, 10 et 20 % suivant la durée vraisemblable de la construction, les bâtiments établis à perpétuelle demeure pouvant même n'être amortis dans certains cas que de 2 % tandis que les baraquements, les immeubles légers, les hangars, toutes les constructions essentiellement temporaires sont quelquefois amorties dans l'espace de deux, trois ou cinq ans.

2° **Amortissement spécial à raison de la surprime** qui a été payée pour les constructions pendant la guerre. Matériaux et main-d'œuvre ont atteint un prix tout à fait exceptionnel; il est juste et normal de ramener les constructions à leur valeur réelle, sans tenir compte de cette surprime essentiellement précaire. *

3° **Amortissement spécial** à raison du fait que certaines de ces constructions peuvent avoir été élevées **uniquement pour la guerre et en vue de la guerre.** Cet amortissement sera étudié plus loin à propos des acquisitions de matériel.

TAUX DES AMORTISSEMENTS

Le quantum de ces amortissements est très difficile à fixer, car il est essentiellement variable avec chaque espèce. Telle Commission trouvera fantastiquement exagéré, dans le silence du cabinet un amortissement de cent pour cent, et sur place, l'admettra, sans aucune difficulté.

Toujours est-il que le Ministère des Armements a été le premier à solliciter certaines créations et certains agrandissements d'usines. Il a lui-même posé le principe d'amortissements exceptionnels. C'est ainsi que l'Inspection des Forges de Lyon a consenti à ce que l'Etat participe à raison de soixante-douze pour cent dans les frais de construction, d'installation, d'organisation et de création d'une usine de guerre, vingt-huit pour cent restant seulement à la charge de l'industrie. **

---

* **Plus-values d'achat au cours de la guerre.** — L'Administration a accepté le principe d'un amortissement (*Journal Officiel* du 28 juillet 1917 — réponse à la question 1514 adressée par M. Vilar, sénateur). Le supplément de prix payé par le contribuable peut faire l'objet d'un amortissement spécial réparti sur un nombre d'exercices correspondant à la durée probable de la période d'application de la contribution extraordinaire.

** *Solution donnée à la maison X... par l'Inspection des Forges de Lyon.*

Considérant que pour demander la réformation de la décision de la Commission du premier degré le sieur X... se fonde sur ce qu'un amortissement de 10.000 francs sur la valeur de son fonds de commerce est rendu nécessaire par la diminution de clientèle que peut entraîner pour lui la destruction de machines agricoles dont il est concessionaire;

Considérant que l'article 3 de la loi du 1er juillet 1916 dispose que le produit net en période de guerre est calculé en établissant le bilan suivant les règles antérieures propres à chaque entreprise, notamment en déduisant, s'il y a lieu, les sommes habituellement réservées à l'amortissement des bâtiments et du matériel;

Considérant que l'amortissement de 10.000 francs sur la valeur de la clientèle, demandé par le sieur X...., viendrait en surplus des amortissements habituels; qu'il ne saurait être regardé comme une application des règles antérieurement suivies, la valeur de la clientèle ayant figuré jusque là dans les livres pour une somme invariable depuis l'acquisition du fonds;

Considérant, d'autre part, que si l'on tient compte des divers éléments du fonds de commerce du sieur X... on constate que ses bénéfices se sont accrus; que, dès lors, il n'apparaît pas que la somme pour laquelle la valeur de la clientèle figure à l'actif du requérant soit excessive;

Considérant, en outre, que l'amortissement de la somme dont la déduction est demandée n'est actuellement portée au bilan que comme une mesure préventive destinée à faire face à une pure éventualité; que, dans ces conditions, c'est avec raison que la Commission du premier degré n'a pas accueilli la prétention du sieur X..... (Décision du 10 mars 1917).

Cette solution pourra servir de base dans bien des cas aux Commissions de taxation. Insuffisante dans certaines hypothèses, elle sera trop large au contraire dans d'autres; c'est aux Commissions à fixer le quantum en tenant compte, d'une part de l'intérêt de l'État et d'autre part des intérêts de la Défense nationale et de l'industrie Française d'après guerre.

VALEURS A ENVISAGER POUR LES AMORTISSEMENTS

L'amortissement porte, en règle générale, sur le chiffre pour lequel la construction figure au bilan. Certains chefs d'entreprise ont fait remarquer qu'ayant acheté leurs constructions dans des conditions avantageuses, ces constructions figurent dans les livres pour une somme de beaucoup inférieure à leur valeur. C'est le cas par exemple d'un industriel qui a acheté, moyennant le prix de 200.000 francs, une usine d'un million. Si l'on compare son sort avec l'industriel voisin qui a édifié de toutes pièces son usine et l'a fait figurer à son bilan pour ce chiffre d'un million, les deux amortissements seront essentiellement différents. Dans le premier cas, à raison de cinq pour cent, l'amortissement sera de dix mille francs par an et dans l'autre de cinquante mille francs. Or, l'amortissement est la prime annuelle mise en réserve pour créer le fonds de reconstruction du bâtiment lorsque sa période d'utilisation sera achevée, dans le premier cas, l'industriel n'aura créé au bout de vingt ans qu'un fonds de 200.000 francs et dans le second cas, il aura au contraire créé un fonds d'un million. Si on part de ce principe que les deux usines coûteront à reconstruire à l'époque, dans les conditions les plus modernes de demain, la même somme, l'un des deux industriels sera singulièrement désavantagé.

Quelle qu'injuste que puisse paraître cette solution, il faut cependant l'admettre et maintenir que l'amortissement ne peut porter que sur la valeur réelle d'acquisition. Si vous avez fait une excellente affaire en achetant pour 200.000 francs une usine qui a coûté un million, tant mieux pour vous, mais la réalité est vraisemblablement différente. Il est probable que celui qui a dépensé un million dans cette hypothèse pour construire cette usine et qui n'a pu la revendre que moyennant le prix de 200.000 francs, avait gaspillé son argent ou construit sur des plans inintelligents. Le jour où l'usine devra être reconstruite à nouveau, une somme de deux cent mille francs sera peut-être amplement suffisante pour faire face à la nouvelle dépense.

ABSENCE D'AMORTISSEMENTS HABITUELS AVANT LA GUERRE

Ceux qui n'ont pratiqué aucun amortissement normal avant la guerre ou ceux qui ont commencé leurs exploitations après le 1er août 1914 sont-ils autorisés à pratiquer des *amortissements normaux* pour la période de guerre?

La question ne peut pas faire de doute. L'amortissement est la contrepartie d'une diminution réelle de valeur d'un actif; c'est presque une dépense.

Le bilan serait faussé si l'on ne tenait pas compte de ces amortissements obligatoires. Dans les comptabilités modernes, on admet que ces amortissements sont tellement obligatoires, qu'il y a lieu d'y procéder même au cas où il n'apparaît pas de bénéfices. Certains auteurs, très peu au courant des questions comptables, avaient prétendu que l'amortissement n'est possible que s'il y a bénéfices; il suffit de réfléchir pour voir combien cette opinion est fausse. Voici une machine achetée cent mille francs; elle durera probablement dix ans. Il est incontestable que, si faute de bénéfices, elle n'était pas amortie d'un dixième par an, on trouverait dans le bilan, au bout de quelques années surtout, un actif irréel; la machine continuerait à figurer pour cent mille francs alors qu'elle ne vaudrait plus que trente ou quarante mille francs. Les amortissements normaux ne sont donc pas facultatifs; il faut les considérer comme obligatoires, quelque solution qui ait été adoptée dans l'avant-guerre. Toutefois si l'on compare le bénéfice de la période d'imposition avec le bénéfice normal révélé par les livres, cette comparaison ne peut comporter d'en côté des amortissements qui n'existaient pas dans l'avant-guerre: l'équilibre serait rompu au détriment du Fisc.

PROVISION POUR NON ENTRETIEN DES BATIMENTS

Certains industriels, tout occupés du rendement des usines, n'ont pas eu le temps de pratiquer l'entretien habituel des immeubles. S'ils peuvent justifier que, chaque année, ils dépensaient une certaine somme à peu près fixe dans ce but, on conçoit la mise en réserve dans le bilan d'une provision qui, après la guerre, sera évidemment indispensable pour parer aux conséquences de ce défaut d'entretien : **"provision pour non entretien des immeubles pendant la guerre"**. Cette réserve ne fait pas double emploi avec l'amortissement normal habituel.

CONSTRUCTIONS SUR CONCESSIONS PRÉCAIRES

A raison des circonstances actuelles, certains industriels ont été autorisés à élever des constructions sur le domaine de l'État. Les concessions ainsi accordées contenaient une clause de précarité, obligeant les constructeurs à démolir à première réquisition et sans indemnité. Il est évident que les constructions, dont s'agit, en présence de cet aléa, doivent avoir comme contre-partie dans les bilans une provision spéciale pour le cas où la concession serait révoquée et la démolition régie. C'est une provision revisable en fin de guerre. Si l'événement conditionnel ne s'est point réalisé, si la concession n'a point été révoquée, la provision constituera un excédent de bénéfices à ajouter au dernier exercice d'imposition.

AMORTISSEMENTS ET RÉSERVES. — POUVOIRS ET DEVOIRS DES COMMISSIONS DE TAXATION

Les Commissions de taxation ont pleins pouvoirs d'appréciation en ce qui concerne les amortissements et les réserves. Elles sont seules juges de leur opportunité; elles sont seules juges de leur quantum. Nul ne peut reviser leurs décisions, le recours en Conseil d'État n'étant ouvert qu'en cas d'excès de pouvoir ou violation de la loi. En leur donnant ces fonctions — un peu exorbitantes en droit commun — le législateur les a investis de sa confiance entière et absolue. Il a spéculé sur leur tact, leur compétence, leur ingéniosité. Tous les yeux sont donc fixés sur leurs travaux; leur jurisprudence est commentée, discutée, critiquée. Le Parlement attend de cette taxe un rendement élevé. D'autre part le monde industriel ou commercial craint d'être écrasé sous le poids d'un impôt qui serait appliqué avec une excessive fiscalité. Dans le Gouvernement, les mêmes points de vue contraires se heurtent suivant que la taxe est examinée par le Ministre des Finances ou qu'elle est le sujet des réflexions du Ministre de l'Armement, du Ministre de la Marine ou du Ministre du Commerce. Ce n'est point dans le silence du cabinet, ce n'est point dans les livres comptables que ces fonctionnaires dévoués trouveront la conciliation de ces intérêts contraires: c'est uniquement sur place, dans l'usine, près des hommes et des faits qu'ils pourront peser à leur juste valeur tous ces éléments qui s'opposent et se heurtent. Qu'ils réservent la fiscalité la plus étroite à ces industriels de rencontre qui n'ont de l'industriel que le nom, — mais qu'ils n'oublient pas, lorsqu'ils se trouveront en présence des efforts considérables, exceptionnels, extraordinaires, que certains novateurs ont tentés avec une hardiesse surprenante et nouvelle dans nos mœurs, qu'il faut avant tout laisser vivre, grandir et se développer cette industrie: aujourd'hui elle contribue à la défense du pays demain elle nous assurera une place prépondérante dans la conquête pacifique mondiale qui succédera à la tourmente actuelle.

MATÉRIEL — INSTALLATION. — OUTILLAGE. — MOBILIER. — AMORTISSEMENTS HABITUELS

Par matériel, la loi et usages entendent, non seulement les machines-outils, le matériel fixe ou mobile, l'installation industrielle, mais évidemment aussi l'ensemble de l'outillage. Matériel fixe et mobile, aménagement industriel et outillage sont choses absolument inséparables au point de vue amortissement. Chaque année, ils sont frappés, dans toutes les entreprises, d'un amortissement qui représente la dépréciation résultant du temps et de l'usage. La loi autorise à pratiquer, au cours des hostilités, les mêmes amortissements que ceux qui étaient d'usage avant la guerre.

AMORTISSEMENTS EXCEPTIONNELS SUPPLÉMENTAIRES. — TRAVAIL INTENSIF PENDANT LA GUERRE

Le législateur a admis le principe d'un amortissement supplémentaire dans les bilans de guerre, à raison du travail intensif demandé à certaines machines qui roulent quelquefois vingt-quatre heures par jour, tandis qu'en temps de paix, la durée normale du travail était de dix à douze heures. Il est évident que cette production intensive amène une usure plus rapide. Le personnel — souvent de fortune — n'a plus le temps d'assurer l'entretien, tout est sacrifié à la production. Peu importe l'état du mécanisme et du matériel, ce qu'on envisage c'est le rendement. Quand la machine ne vaudra plus rien, on la vendra comme ferraille, elle sera immédiatement remplacée. Ces circonstances exceptionnelles commandaient donc un amortissement exceptionnel. Le législateur l'a sagement admis; le contribuable n'a plus qu'à le chiffrer.

Il est impossible de poser des règles générales au sujet du quantum de cet amortissement. L'industrie de guerre est chose tellement changeante que les industriels eux-mêmes ne peuvent plus tabler sur les principes, qui constituaient le principe d'une administration prudente en temps de paix. De même que la vie passe plus rapide pendant cette période de tension nerveuse, de même l'industrie se modifie, se transforme, s'amplifie au jour le jour, sans permettre les prévisions de longue haleine, les améliorations calculées par avance et réalisées avec prudence. Telle usine dont le rendement était en 1916 dix fois plus important qu'avant la guerre a reçu par exemple du Ministère des Armements une note demandant de doubler la production pour 1917. Comment, dans des circonstances aussi exceptionnelles, les vieilles règles reproduites dans les manuels d'avant-guerre à titre de conseils aux Administrateurs de Sociétés anonymes, ne seraient-elles pas désuètes et quelque peu ridicules? Il en est de même des principes et des règles

---

Amortissements. — Bénéfices basés sur un forfait. — La Commission de taxation du Rhône a refusé d'admettre la déduction des amortissements habituels, lorsque le bénéfice normal était établi par voie de forfait. Cette solution est manifestement erronée. Rien n'oblige le contribuable à révéler son bénéfice normal réel d'après les livres pour avoir droit aux amortissements. La loi établit deux règles tout à fait distinctes : la première, qui est la manière de compter le bénéfice normal — directement par les livres ou indirectement par voie de forfait; — la seconde, qui donne à tous les contribuables le droit aux amortissements habituels et à des amortissements exceptionnels. Il n'y a aucune corrélation à établir entre le droit à l'amortissement et le bénéfice normal de base.

comptables qui doivent s'adapter aujourd'hui aux circonstances tragiquement exceptionnelles que nous traversons, s'incliner devant le fait de la guerre et devant les conséquences terribles qui en découlent à tous points de vue. [1]

LA SURPRODUCTION DE GUERRE

On comprend donc qu'en raison de l'impossibilité de prévoir la durée de la guerre, de la surproduction demandée aux hommes et aux machines, l'industrie amortisse aujourd'hui sur une seule période de bénéfices tout à fait exceptionnels, dss machines, des installations, un outillage qu'autrefois on aurait amorti en quatre ou cinq ans. L'industrie s'est à ce point transformée, que dans bien des cas, on a réalisé ce que l'on considérait comme absolument impossible en 1914. Là où des ouvriers d'art, des spécialistes étaient considérés comme absolument indispensables et comme seuls aptes à faire le travail, les circonstances ont voulu que le travail fut confié à n'importe quels ouvriers, sans aptitudes spéciales, qui, en quelques semaines ont non seulement produit le même rendement, mais fourni un rendement supplémentaire. Des kabyles ont remplacé des ouvriers qui, dans leur spécialité, étaient considérés comme des " maîtres " au sens que l'on donnait à ce mot au moyen âge; des femmes se sont souvent montrées plus habiles que les hommes et n'ont pas hésité devant les travaux les plus dangereux, maniant la fonte et les métaux en fusion. La machine elle-même a produit ce qu'on la croyait incapable de produire. Mais la conséquence en est évidemment, à notre point de vue tout à fait spécial, que si l'on a demandé aux machines un rendement exceptionnellement anormal, elles doivent être l'objet d'amortissements exceptionnellement anormaux. Le Ministère des Finances serait bien mal venu à critiquer au point de vue fiscal les conséquences industrielles du développement et l'on pourrait presque dire du tour de force que le Ministère des Armements a demandé aux industriels de la guerre et a obtenu d'eux. Il ne doit point y avoir de cloison étanche dans l'administration de l'État. Les Commissions devront s'inspirer de ces circonstances tout à fait exceptionnelles, se rendre compte par elles-mêmes de l'intensité du travail fourni avant de critiquer et de juger le chiffre des amortissements proposés. D'ailleurs, tous ces amortissements sont essentiellement revisables en cas d'erreur, comme nous l'expliquerons plus loin. Partant l'État n'est pas frustré; tout au plus, une partie du paiement de la contribution due est-il ajourné.

INSTALLATIONS SPÉCIALEMENT EFFECTUÉES EN VUE DE FOURNITURES DE GUERRE

Le législateur a autorisé de plus un amortissement exceptionnel des constructions et des acquisitions qui sont effectuées en vue de faire face aux exigences de la Défense nationale. De tous côtés, les usines de guerre ont surgi ou étendu leur superficie : bâtiments, hangars, bureaux sont sortis de terre en quelques mois

[1] La Commission de Besançon a adopté le principe suivant pour cet amortissement. Elle a considéré que les amortissements normaux habituels correspondaient à un travail d'usine de dix heures par jour. Etant donné que l'usine a fonctionné 22 heures par jour, elle augmente le taux normal habituel de l'amortissement d'avant guerre de 12/22e. Le procédé de calcul paraît équitable, bien qu'il ne soit pas juste de dire qu'un matériel qui travaille vingt heures s'abîme simplement deux fois plus qu'un matériel qui roule dix heures. On néglige ainsi l'élément d'usure provenant du défaut d'entretien et de l'utilisation intensive.

et ont été peuplés de machines et de matériel achetés à grands frais. Les industriels qui ont commandé ne se sont point en règle générale occupé de l'emploi que trouveraient ces machines après la guerre. Il est évident que toutes ces dépenses, ces constructions, ces installations, ces acquisitions de machines n'ont surtout de valeur que pour la guerre et pendant la guerre. Comment donc les amortir? Si l'on pouvait prévoir quelle sera la durée des hostilités, le plus simple serait de les frapper d'un amortissement calculé en tenant compte de la période à envisager, mais nulle précision humaine ne peut fixer cette durée. D'autre part, qui sait si les bénéfices exceptionnels de l'exercice envisagé se reproduiront l'an prochain avec la même régularité et la même ampleur? Dans ces conditions, on comprend fort bien qu'industriels et commerçants amortissent exceptionnellement sur un seul exercice, si la chose est possible, les constructions, installations et les acquisitions qui sont faites à raison de la guerre, pour la durée de la guerre, en vue de la guerre et sans valeur d'utilisation possible à prévoir actuellement pour l'après-guerre. Encore une fois, ces amortissements sont essentiellement revisables au cours du dernier exercice de la contribution établie sur les bénéfices de guerre. Les Commissions doivent se montrer d'une extrême libéralité dans l'appréciation des chiffres donnés par le chef d'industrie. Toutefois elles ne perdront pas de vue que l'ajournement de la rentrée de l'impôt comporte un risque pour l'État. Solvables aujourd'hui, certains industriels seront peut-être demain dénués de ressources. D'autres plus malhonnêtes que malheureux, profiteront peut-être de cette largeur d'idées et de ces ajournements pour se rendre insolvables. Il y a un risque grave dont l'appréciation repose sur la sagacité et la pondération des Commissions du premier degré.*

---

* La Commission du Puy-de-Dôme a autorisé sur une seule période d'imposition l'amortissement de la totalité des dépenses faites pour l'édification d'une usine et l'acquisition du matériel servant uniquement à développer une industrie qui n'aura plus d'intérêt après la guerre.

Un tanneur avait proposé d'amortir en trois ans ses installations spéciales de la guerre : la Commission de taxation du Loiret a fait observer qu'après la guerre ce matériel pourrait avoir encore une valeur d'utilisation. Les intéressés sont tombés d'accord sur un amortissement en 4 ans au taux de 25 % par an. Solution d'espèce dont le principe est évidemment excellent dans des industries qui ne travaillent point exclusivement pour la guerre et qui n'ont trouvé dans la guerre que la cause d'un surcroît anormal d'affaires.

Enfin, la Commission de taxation de la Charente-Inférieure a, au contraire, refusé d'admettre un amortissement proposé de trente mille francs sur du matériel neuf acheté pendant la guerre pour distillerie. Elle n'a pas même demandé la valeur du matériel acheté pour établir le tantième de l'amortissement proposé. Elle s'est contentée de faire remarquer qu'un matériel acheté en cours d'exercice d'imposition ne s'use point comme du matériel ancien. Il y a là une méconnaissance absolue des règles industrielles ou commerciales. C'est un des motifs pour lesquels il est indispensable que les membres des Commissions de taxation prennent la peine de se rendre sur place avant de juger — de loin — le chiffre des amortissements. Cette solution paraît d'ailleurs isolée dans l'ensemble des travaux très sagement conduits des Commissions de taxation.

STOCK — MATIÈRES PREMIÈRES ET MARCHANDISES

Une question très grave s'élève en ce qui concerne l'appréciation du stock. En temps normal, le stock de matières premières et le stock de marchandises fabriquées sont repris à l'inventaire pour leur valeur d'acquisition ou leur prix de fabrication frappés d'une dépréciation qui varie suivant les industries ou les commerces. Minime lorsqu'il s'agit de métaux qui ne s'altèrent pas au simple usage et qui ont été achetés à des cours normaux, ou lorsqu'il s'agit de marchandises qui conservent leur valeur, cette dépréciation, — cette réfection pour employer une expression commerciale, — peut être au contraire importante lorsqu'il s'agit de marchandises périssables comme des produits alimentaires. Les règles du temps de paix, encore une fois, ne peuvent pas s'appliquer au stock acheté pendant la guerre. Le prix de revient est un prix tellement anormal en raison des circonstances tragiques que nous traversons, que des principes nouveaux doivent présider à ces évaluations.

Il faut, en effet, se rendre bien compte de deux choses : plus le stock est actuellement important, plus il y a de chances pour l'industriel ou le commerçant de réaliser des bénéfices, si la guerre dure un certain laps de temps. Chaque jour, les entraves apportées à la vie économique, les restrictions, les resserrements du trafic et de la production amènent la hausse de toutes les matières premières et de tous les produits fabriqués; partant les chances de réalisation avec bénéfice sont considérables. Mais, d'autre part, la guerre prenant fin, l'importance du stock devient dans bien des cas une chance de pertes plus grandes. Pour beaucoup d'industries ou de commerces, les matières premières et les marchandises fabriquées reprendront, presque du jour au lendemain, un cours voisin de la normale ou en tous cas un cours de beaucoup inférieur aux exagérations actuelles. Les commerçants, qui alors n'auront aucun stock, se réapprovisionneront aux prix nouveaux. Le tarif de vente décroîtra immédiatement, d'où perte pour ceux qui détiendront des stocks importants puisque la concurrence les obligera à les liquider aux nouveaux cours.

Ajoutez à ces considérations qu'il y aura toute une série de marchandises fabriquées qui trouvent leur emploi pendant la guerre et qui le trouveront beaucoup plus difficilement, l'armistice ou le traité de paix intervenant : ce sont les marchandises fabriquées en vue de la guerre (moteurs d'aviation, camions automobiles, approvisionnements de drap militaire, produits pharmaceutiques, etc., etc.).

PROVISIONS POUR FLUCTUATIONS DES COURS

La question de l'évaluation des stocks actuels se pose donc d'une manière absolument nouvelle et il importe de parer à tous ces aléas en ouvrant une rubrique “ **Provision pour fluctuation du cours du stock** ”. L'Administration ne peut pas s'opposer au principe de cette provision. Elle a tout intérêt à ce que la provision soit loyalement indiquée dans les bilans parce que le contrôle lui en sera aisé et, à ce que commerçants et industriels ne créent pas cette provision d'une manière indirecte en frappant, à l'inventaire, les matières premières et les marchandises d'une dépréciation difficile à contrôler. Les Commissions ont d'ailleurs, jusqu'à ce jour, en règle générale, toujours recherché sur quelles bases les inventaires étaient établis et demandé des explications aux contribuables sur ce point essentiel. Le principe de cette provision étant admis, reste à fixer le quantum. Il est impossible de tracer des règles générales à ce sujet. Les situations varient de commerce à commerce, d'industrie à industrie, mais les Commissions auront un point de repère : le rapport entre le chiffre du stock coté à l'actif et le chiffre de la provision de dépréciation portée au passif du bilan. Commissions et contribuables en outre ne perdront pas de vue qu'aux termes de l'article 15 § 3 de la loi du 1er juillet 1916, les amortissements reconnus exagérés constituent un bénéfice supplémentaire imputable sur la dernière année d'imposition.

JUSTIFICATION DES PROVISIONS POUR FLUCTUATION DES COURS

Le principe d'une provision est donc amplement justifié. D'ailleurs l'Administration a admis que, " si la diminution de valeur apparait comme un fait inévitable et relativement prochain, il est possible d'opérer par avance, dans cette situation particulière, un **amortissement** réparti sur le nombre d'exercices convenables et à la condition de se tenir dans des limites raisonnables ". *

Est-ce bien le mot "amortissement" qu'il fallait employer? S'agit-il d'un amortissement ou ne s'agit-il pas plutôt d'une provision? Cette question est toute académique et nous n'insisterons pas. Mais ce qui est certain, c'est que le principe posé d'un *amortissement* réparti sur un nombre d'exercices convenables est essentiellement discutable. Voici un stock qui, au cours actuel, représente 1.800.000 francs. Il apparait, dès à présent, comme un fait inévitable que le jour où les hostilités auront cessé, ce stock ne représentera plus qu'une valeur de 800.000 francs. Cette perte éventuelle d'un million, doit-elle faire l'objet d'un amortissement réparti "sur un nombre d'exercices convenables" ou ne doit-elle pas, au contraire, faire l'objet d'une provision de un million qui figurera dans les écritures jusqu'au jour où les circonstances normales seront rétablies? Il est évident que seule, cette seconde manière de procéder est juste et équitable.

Amortir ce million sur un nombre d'exercices convenables pouvant porter sur des exercices postérieurs à la guerre, c'est obliger ce commerçant ou cet

* Avis du Ministère des Finances relatif à la marine marchande.

industriel à payer, pendant le temps de guerre, une taxe sur un bénéfice qu'il n'a pas réalisé et qu'il ne réalisera peut-être pas. Tout au contraire si vous lui permettez la création d'une provision, il y aura tout simplement sursis à la taxation et sursis au paiement. Au jour de la revision définitive, lors du dernier exercice de la contribution extraordinaire sur les bénéfices de guerre, l'Administration évaluera, contradictoirement avec le chef d'entreprise, la valeur exacte d'après guerre du stock dont s'agit. Si le stock représente alors, non pas seulement, une valeur de 800.000 francs comme on le prévoyait, mais une valeur de 1.200.000 francs, la provision de un million aurait été supérieure de 400.000 francs aux exigences comptables. Ces 400.000 francs constitueront un bénéfice imputable au dernier exercice imposé et l'État trouvera sa part légitime sans que le commerçant soit lésé.

Si, au contraire, on procédait par voie d'amortissement réparti sur un nombre d'exercices convenables et si ce nombre d'exercices convenables était fixé par exemple à cinq ans dont deux ans de guerre et trois ans de paix, chaque année le Fisc admettrait une déduction de 200.000 francs pour ramener en cinq ans, ce stock de 1.800.000 francs à sa valeur réelle présupposée de 800.000 francs. Les hostilités cessant au bout de deux ans, l'industriel aurait été autorisé à amortir 400.000 francs alors que dans l'hypothèse envisagée plus haut, l'amortissement aurait dû être à la fin de la guerre, de 600.000 francs, d'où perte certaine, pour l'assujetti, de 200.000 francs.

PROVISIONS POUR RÉQUISITION ÉVENTUELLES

La " **Provision pour fluctuations des cours** " s'impose d'autant plus qu'en ce qui concerne certaines matières premières indispensables à la Défense nationale, l'État s'est réservé le droit de les réquisitionner à un prix de convention, inférieur à la valeur réelle actuelle de l'objet. La tournure de laiton, par exemple, est cotée dans les prix de réquisition à 167 francs les 100 kilogrammes, alors qu'elle a pu être achetée 350 francs. Si l'État exerce son droit de réquisition, il fera donc subir une perte réelle à l'industriel qui aurait estimé son stock à la valeur actuelle.

Mais, dira-t-on, il sera temps de coter ces pertes lorsque l'événement surviendra. Si l'État vous réquisitionne l'an prochain tout ou partie de votre stock de matières premières et vous fait subir une perte, vous passerez cette perte par le compte de profits et pertes du prochain exercice et vous n'avez, par conséquent, aucune raison de créer actuellement une réserve à cet effet.

L'argument serait vrai s'il s'agissait purement et simplement du chef d'entreprise lui-même ou des rapports de la Société avec ses actionnaires, mais lorsqu'il s'agit du paiement de la contribution de guerre, c'est sur le bénéfice net actuel que l'impôt est perçu et il n'est jamais restitué. Si, par conséquent, l'an prochain, quand l'événement surviendra, l'entreprise ne réalise pas de bénéfices, l'industriel ne pourra réparer la perte ainsi encourue. Il aura donc trop payé sans recours possible.

Prenons des exemples : voici une société qui, ayant estimé son stock à 1.000.000 de francs a fait un chiffre de bénéfices de 500.000 francs ; le stock a été estimé à un prix supérieur au prix de réquisition bien qu'on ait tenu compte d'une forte dépréciation sur le prix d'achat. Survient la réquisition qui fait perdre 200.000 francs sur la valeur de la partie du stock réquisitionné. Il apparaît comme certain que le stock aurait dû être évalué à 800.000 francs ou qu'une provision de 200.000 francs aurait dû être créée au passif. Cette société a payé, pour sa contribution de guerre, 100.000 francs qu'elle ne devait pas.* Si, au cours de l'exercice pendant lequel la réquisition a lieu la société ne fait pas de bénéfices, elle ne peut pas faire entrer dans ses écritures cette perte et s'indemniser du trop payé à l'État.

MARCHANDISES EN COURS DE ROUTE. — PROVISION POUR RISQUE DE GUERRE

Dans la plupart des bilans, les marchandises ou les matières premières en cours de route dont la facture est arrivée sont considérées comme faisant partie du stock. Si elles sont assurées pour leur valeur complète, peu importe le sort qui leur est réservé. Si elles n'arrivent point à destination par suite d'un risque de mer ou pour toute autre cause, la Compagnie d'assurances paiera l'indemnité prévue. Si au contraire le contrat d'assurance ne couvre pas la totalité du risque, une provision devra être portée au passif pour le risque laissé à la charge de l'expéditeur.

VALEURS MOBILIÈRES ET TITRES. — PRIMES ET LOTS

Les valeurs mobilières sont évaluées au bilan d'après les cours, lorsqu'elles sont cotées en Bourse ; s'il n'y a pas de cote, elles sont reprises pour leur valeur d'acquisition. Des provisions doivent être créées dans nombre de cas pour tenir compte des éventualités du marché. Les principes du temps de paix recevront leur application en temps de guerre et le chef d'entreprise sera d'autant plus prudent que le marché financier est exposé à de brusques revirements.**

* Ces calculs sont simplifiés et hypothétiques pour rendre l'exemple plus frappant, car en fait il y aurait d'autres éléments qui entreraient dans le compte de la taxe, mais nous les laissons volontairement de côté.

** Les revenus de ces valeurs font partie des bénéfices si les valeurs sont engagées dans l'entreprise et figurent aux livres.

Les primes de remboursement et les lots qui pourraient être gagnés par un industriel ou un commerçant ayant employé une partie de son capital d'affaires à l'acquisition de valeurs mobilières figurant à son bilan, constituent un bénéfice exceptionnel, qui n'est pas un bénéfice d'exploitation, qui est en dehors de ce que le législateur a appelé le " produit net " : il échappe à la taxe de guerre.

CRÉANCES DIVERSES MORATORIÉES OU NON MORATORIÉES. — PROVISIONS POUR INSOLVABILITÉ

L'actif comprend tous les clients débiteurs et, en règle générale, pendant les hostilités, ils sont groupés en deux postes distincts : clients débiteurs d'avant-guerre (**recouvrements moratoriés**), et clients débiteurs d'après-guerre ou clients ne jouissant pas du moratorium (**maisons qui travaillent pour la guerre**).

Cet actif est évidemment pour partie d'une réalisation incertaine. Il est difficile de prévoir le sort réservé à toutes les créances moratoriées. Les maisons qui, à l'heure actuelle, invoquent encore le bénéfice du moratorium sont évidemment ou des maisons complètement fermées pendant la guerre ou des maisons dont la situation financière demeure difficile. De plus, la totalité des sommes dues ne deviendra pas exigible du jour au lendemain, la guerre cessant; il y aura une période de retour à la vie normale d'assez longue durée qui sera caractérisée soit par un moratorium du temps de paix, soit par l'allocation de délais de grâce concédés avec une grande libéralité. Il importe donc de créer une réserve, ou une **provision pour risques de guerre sur créances moratoriées**, qui compensera les insolvabilités et les non-recouvrements futurs. *

En ce qui concerne les créances non moratoriées, qu'elles aient pour cause des contrats postérieurs à la guerre ou des contrats passés avec des maisons qui ne jouissent plus du moratorium, il est plus aisé d'en estimer le « déchet ». Chaque chef d'industrie connait ses clients, sait le motif pour lequel il a concédé un crédit. Le risque de non recouvrement est de ce chef relativement peu élevé; il existe néanmoins et justifie une réserve ou une provision.

---

* A titre d'indication, nous pouvons signaler une décision de la Commission du premier degré du département de l'Ain qui a admis un rabais de 66 % sur créances moratoriées non recouvrées au 31 décembre 1915.

La Commission du Puy-de-Dôme a autorisé la déduction d'une réserve annuelle de 25.000 francs pratiquée avant la guerre et pratiquée pendant la guerre pour perte éventuelle sur débiteurs divers. Le chiffre des débiteurs dépassait 700.000 francs.

PROCÈS EN COURS. — PROVISIONS

Les procès qui peuvent avoir une répercussion grave sur les résultats financiers n'ont pas en règle générale leur contre-partie dans les écritures comptables. Voici par exemple un client qui a refusé de prendre livraison d'une commande, soit parce qu'elle n'était pas conforme au contrat soit parce qu'elle a été livrée en retard; il demande un rabais et quelquefois des dommages et intérêts plus ou moins considérables. — Voici maintenant un fournisseur qui a livré une marchandise qui n'a point été acceptée et qui réclame en justice le paiement de sa facture. La comptabilité reflète ces deux situations d'une manière inexacte. Dans le premier cas, le client par qui la marchandise est refusée est débité du montant total de la facture, alors que l'issue du procès peut tourner en sa faveur et le rendre créancier d'une somme importante. Quant au fournisseur, sa facture contestée n'est même pas passée en écritures et, par conséquent, elle n'apparait pas au passif à payer, alors que demain les juges peuvent accueillir sa demande et contraindre le commerçant ou l'industriel à payer la somme discutée.

Tant que ces situations ne sont pas éclaircies et que ces risques sont en cours, il importe de créer un compte de "**provision pour procès en cours**", compte qui se justifie de lui-même et que l'Administration ne pourra pas contester, à la condition bien entendu, qu'on lui fournisse toute la documentation nécessaire, si elle la demande.*

BREVETS D'INVENTION. — AMORTISSEMENT EXCEPTIONNEL DES BREVETS DE GUERRE

Les annuités versées sur les brevets d'invention dont une maison est propriétaire ou exploite la licence, constituent indiscutablement des frais généraux et sont passées à ce compte.

Mais le brevet ou la licence figurent dans l'actif pour leur valeur d'acquisition ou pour les dépenses qui ont été faites pour obtenir le brevet dont s'agit. En règle générale, ces frais d'acquisition sont amortis sur une période calculée en tenant compte et de la durée de validité du brevet et de son utilisation possible. Tel brevet qui a quinze ans de durée doit être amorti en dix ans si la Société

---

* Le principe de cette provision a été admis par de nombreuses Commissions de taxation : Paris, Savoie, etc., etc... En Savoie, il a été accepté d une manière positive. Dans les décisions des Commissions de Paris qui sont à notre connaissance, il a été admis par voie de non contestation pour ainsi dire. Il s'agissait, en effet, de déclarations négatives, la provision pour procès en cours absorbant la totalité du bénéfice imposable. Cette déclaration n'a pas été contestée. On doit en conclure que le principe même de la provision a été admis.

n'existe plus que pour dix ans ou n'a été constituée que pour ce laps de temps : ce sont les principes d'une exploitation rationnelle et pondérée du temps de paix. Mais en temps de guerre, il y a nombre de brevets qui ont été pris ou achetés spécialement en vue de l'application pratique d'une invention de guerre. Ces brevets n'ont de valeur que pendant la durée de la guerre au grand maximum. Peut-être même n'auront-ils de valeur que pendant quelques mois, si le génie des inventeurs, toujours en effervescence, produit un dispositif nouveau qui rende l'ancien inutilisable. Le cas est fréquent, par exemple pour les moteurs d'aviation. Les sommes dépensées pour faire établir ces brevets ou pour les acquérir doivent donc être amorties avec une exceptionnelle rapidité. Les Commissions ne s'étonneront pas de trouver un tel brevet amorti en un an. C'est une question de fait sur laquelle les contribuables auront à fournir tous les éclaircissements nécessaires pour que les Commissions puissent juger et décider en parfaite connaissance de cause.

MODÈLES. — AMORTISSEMENTS DES MODÈLES SPÉCIAUX A LA GUERRE

Les industries qui construisent d'après des modèles coûteux à établir font figurer dans leur bilan la valeur des modèles à un poste de l'actif. L'appréciation de cette valeur doit être faite avec une extrême prudence, mais lorsqu'il s'agit de modèles relatifs à des inventions de guerre, aux armements, aux fournitures de l'armée, il est incontestable qu'ils doivent être frappés d'un amortissement très élevé. Beaucoup de ces modèles n'auront plus de valeur après la guerre, lorsque les nécessités de la Défense nationale auront cessé. Les Commissions de taxation devront accepter ces amortissements dans un esprit extrêmement libéral, après examen sur place.

FRAIS DE CONSTITUTION ET FRAIS DE PREMIER ÉTABLISSEMENT. — AMORTISSEMENT.

Les frais de constitution et les frais de premier établissement d'une Société forment généralement deux postes qui figurent à l'actif, bien qu'ils ne représentent qu'une valeur essentiellement théorique et qu'en réalité même, ils ne représentent absolument aucune valeur.

Les commentateurs du temps de paix ont longuement disserté sur les motifs qui, à leur avis, imposent aux Administrateurs de sociétés l'obligation de faire figurer dans l'actif une somme qui constitue une dépense et qui ne représente aucune valeur réelle. Il est complètement inutile de les suivre dans ces discussions académiques. Les Sociétés en bénéfice ont le droit et le devoir incontestable d'amortir ce poste, nous dirons mieux : d'annuler cette écriture qui en réalité n'est qu'une erreur puisqu'elle ne correspond à rien. Il en est de même des frais de premier établissement, des frais de publicité pour des émissions d'actions ou d'obligations. Toutes ces dépenses devraient être passées en frais généraux.

ACTIF EN PAYS ENVAHI. — PROVISIONS. — RÉPARATION DES DOMMAGES DE GUERRE

Nombre d'industries ont des usines en pays envahi (Nord de la France, Belgique, Serbie, Roumanie, etc.); nombre de commerçants y ont également des succursales. Quelle est la valeur actuelle de tout cet actif?

S'il ne subsiste rien de l'entreprise située en pays envahi, il y a perte résultant d'un déficit d'exploitation et partant déduction expressément visée par l'article 2, § 4 de la loi du 1er juillet 1916. La destruction totale d'une succursale est évidemment et incontestablement une perte d'exploitation. Certaines Commissions ont refusé d'admettre cette déduction en prétendant que les contribuables ayant une créance éventuelle contre l'État pour la réparation du dommage qui leur a été causé, la déduction n'est pas acceptable. Cet argument est spécieux. D'une part la perte est absolument certaine si la destruction est prouvée. D'autre part, la réparation est aléatoire puisque la loi sur les dommages de guerre n'est ni promulguée, ni même votée. Cette réparation restera encore aléatoire après la promulgation de la loi, jusqu'au jour où le dommage aura été liquidé et payé. Partant, il est incontestable que les contribuables victimes de la ruine de leurs entreprises par dommage de guerre en pays envahi ont le droit de créer une provision représentative de la perte encourue. Cette perte n'est pas définitive; l'intervention de l'État peut la réparer totalement ou partiellement. La provision subsistera jusqu'au jour — lointain encore — où le dommage de guerre aura été liquidé.

ACTIF EN PAYS ENNEMI. — PROVISIONS

Quant à l'actif qui se trouve en pays ennemi, il est également difficile d'être fixé sur son sort. Est-il ou non sous séquestre? Qu'en retrouvera-t-on après la guerre? Quand sera-t-on fixé sur le sort réel de cet actif? Quelles indemnités seront prévues au traité de paix? Qui en fixera le quantum? Quand et où les touchera-t-on? Autant de questions à résoudre qui nécessitent la création d'une **provision pour risques de guerre.**

Quant à l'actif demeuré en pays relativement neutres, mais avec lesquels les communications sont extrêmement difficiles et incertaines, la Grèce par exemple, la création d'un même poste de provision doit être envisagée.

CHAPITRE V

BÉNÉFICES SUPPLÉMENTAIRES

PRODUIT NET DE LA PÉRIODE DE GUERRE (Suite)

LE PASSIF DU BILAN

INTÉRÊTS DU CAPITAL. — NON DÉDUCTION

Le poste *Capital* n'appelle aucune observation, mais la question de savoir si les intérêts dus au capital engagé dans l'affaire constituent ou non une dépense déductible du bénéfice est une des questions principales que soulève l'application de la loi du 1er juillet 1916.

Cette question ne se pose que si le capital en jeu pendant la guerre n'est pas le même que le capital en jeu antérieurement à la guerre ou dans les cas où l'assujetti n'a fait d'affaires que postérieurement au 1er août 1914.

Pour tous les autres, pour tous ceux qui avaient mis dans les affaires, avant la guerre, le même capital qu'actuellement et qui ont réussi à développer leur industrie ou leur commerce, grâce à la sur-activité économique résultant des circonstances elles-mêmes, peu importe la solution. Leur bénéfice imposable est établi par voie de comparaison entre le bénéfice antérieur à la guerre et le bénéfice postérieur. Si pour l'exercice imposé, ils prétendent déduire les intérêts, il faudra que pour établir leur bénéfice normal — premier terme de la comparaison, ils déduisent également l'intérêt. Déduisant la même somme sur les deux termes de la comparaison, ils arrivent évidemment au même résultat. Exemple : j'ai engagé dans les affaires un capital de 500.000 francs et je réalisais un bénéfice de 40.000 francs avant la guerre. Je réalise aujourd'hui, avec le même capital 200.000 francs de bénéfices, — qu'importe que je déduise ou non les intérêts de 500.000 francs de mon bénéfice normal et de mon bénéfice supplémentaire, — l'écart sera le même.

La question intéresse au contraire ceux qui ont augmenté leur capital pendant la guerre — ceux qui ne travaillent que depuis la guerre — ou ceux qui ne comparent pas leur bénéfice actuel avec leur bénéfice réel antérieur à la guerre, mais bien avec un des trois forfaits légaux. Plus ils arriveront à déduire de leur produit net, plus l'impôt sera léger.

Examinons les diverses hypothèses: c'est d'abord un particulier, industriel ou commerçant, qui exploite sa propre affaire ou son propre fonds. Quand il établit son bilan, il trouve entre l'actif et le passif une différence qui, si elle est en faveur de l'actif, constitue un bénéfice. De ce bénéfice, il demande à déduire les intérêts de son propre capital. Pour justifier sa prétention, il ne manque pas de faire valoir qu'un capital est productif d'intérêts par lui-même, qu'il suffit de l'employer en Bons de la Défense nationale sans se livrer à aucun travail pour qu'il produise actuellement plus de 5 %. D'autre part, la jurisprudence a décidé que les employés intéressés dans les bénéfices ne peuvent faire valoir leurs droits que sur le bénéfice net, déduction préalablement faite des intérêts dus au capital.

Ces arguments ne sont pas décisifs. S'agissant de l'application d'une loi fiscale dont le but est de frapper d'un impôt lourd le bénéfice supplémentaire réalisé par un contribuable pendant la guerre, ils sont sans portée. Il faut avant tout rechercher quelle a été l'intention du législateur, puisqu'il ne s'est pas prononcé en termes nets sur la question. Ce qu'il a incontestablement voulu, c'est atteindre le bénéfice supplémentaire qu'il a considéré comme fortuit, comme en dehors des prévisions humaines, comme acheté au prix du sang versé sur les champs de bataille. A ces citoyens trop favorisés du sort, il impose l'obligation de racheter cette faveur par le paiement d'une lourde contribution. Pour établir sa taxe équitablement, il a autorisé les contribuables à tenir leurs comptes comme ils les tenaient avant la guerre, à procéder aux mêmes amortissements, et même à des amortissements exceptionnels. Il n'entend pas prélever une part là où il n'y a pas bénéfice certain, définitivement acquis. Mais dès qu'il y a bénéfice, il veut sa part, la plus large possible, sans exception ni réserve. Or, dans l'idée du législateur, il est incontestable qu'il a pris le mot " produit net " dans son sens le plus général, — qu'il a entendu faire commencer le bénéfice à partir du moment où les valeurs actives de l'inventaire dépassent les sommes inscrites au passif, à partir du moment où la balance penche nettement vers l'industriel ou le commerçant, élu par le sort. Part à deux, a-t-il posé comme principe, si vos bénéfices n'atteignent que le chiffre de 500.000 francs par exercice imposé. Soixante pour moi et quarante pour cent pour vous pour ce qui excède 500.000 francs. Telle est la loi actuelle. Considérer que, dans ces conditions, les intérêts du capital doivent accroître à la part de l'industriel seul et qu'ils ne font pas partie intégrante du bénéfice envisagé est une grave erreur, une interprétation absolument contraire à l'esprit du législateur.

Le même raisonnement s'applique, qu'il s'agisse de Sociétés en nom collectif, de commandite simple ou par actions ou de Sociétés anonymes. Il est de règle en ce qui concerne ces dernières de distinguer, dans la plupart des cas, les coupons d'intérêts des coupons de dividende, — de passer les intérets en frais généraux, tandis que les dividendes représentant le profit net viennent par profits et pertes. Ce mode de procéder n'a d'autre avantage que de montrer à l'actionnaire, d'une manière très claire et très précise, qu'il a retiré d'abord tel intérêt de son argent, puis, que les affaires ont permis de distribuer tel bénéfice. Il ne modifie pas le moins du monde les arguments ci-dessus.

D'ailleurs si le législateur entendait autoriser la déduction, encore faudrait-il que cet intérêt fût le même pour tous les assujettis. Or, nombre de statuts de sociétés stipulent que l'intérêt payé aux actionnaires sera de trois, quatre ou cinq pour cent, tandis que dans les actes d'association en commandite ou autres, l'intérêt est la plupart du temps de six pour cent. Il serait injuste et inéquitable qu'un contribuable déduisît du bénéfice net trois pour cent et payât l'impôt sur l'excédent, tandis qu'un autre déduirait six et sept pour cent et ne paierait l'impôt que sur l'excédent ainsi restreint.

INTÉRÊTS DES CAPITAUX PLACÉS EN COMPTE COURANT. — DÉDUCTION

Les intérêts des capitaux placés en compte courant dans une affaire (société en nom collectif, Société en commandite, société par actions) doivent-ils être traités de la même manière? A notre avis, la solution est essentiellement différente. Quand un des associés, en outre de sa part sociale, verse par les besoins des affaires un capital quelconque, qu'il porte à son compte courant, pour faciliter la marche de la société, le mouvement d'affaires, la trésorerie journalière, il agit comme ferait un banquier ou un prêteur quelconque. Or, les sommes empruntées à ce banquier ou ce prêteur, produiraient incontestablement les intérêts, peut-être même plus élevés que ceux qu'on paie à l'actionnaire. Dans ces conditions, le même traitement doit être appliqué au capitaliste qui place des sommes en compte courant, et la déduction doit être autorisée.*

INTÉRÊTS ANTÉRIEURS A LA GUERRE NON PAYÉS

Les intérêts du capital dus aux actionnaires et qui n'ont point été payés avant la guerre, constituent-ils une charge sociale à déduire du bénéfice net des exercices de guerre?

Nombre de statuts indiquent, comme nous le disons plus haut, qu'au point de vue des rapports entre l'actionnaire et la personne morale qu'est la Société anonyme, les intérêts du capital sont une charge sociale et non pas un des éléments du bénéfice net. La jurisprudence autorise le paiement d'un intérêt aux actionnaires, même en l'absence de toute espèce de bénéfices. S'il résulte des termes formels des statuts que les intérêts ont ce caractère de passif social, ils devraient être passés chaque année au débit du compte de frais généraux, qu'ils soient ou non payés. Les actionnaires auraient par conséquent une véritable créance à l'encontre de la

---

* Cette solution peut paraître en contradiction avec la solution que nous avons donnée quand il s'agit de déterminer si les intérêts de ces comptes figurent ou non dans le capital engagé par le contribuable pour calculer le forfait de 6 %. Il y a corrélation entre les deux situations, mais dans l'hypothèse du forfait, l'argument littéral du texte *(par lui engagés)* l'emporte : ici c'est l'esprit de la loi qui est la règle de l'interprétation. Or s'il est d... de ne pas compter les intérêts dans les charges sociales, surtout quand le pacte social est impératif, il serait inique d'étendre cette interprétation aux comptes individuels des associés et aux avances qu'ils ont faites à l'affaire en vue souvent d'une rémunération avantageuse de leurs capitaux, quand ils auraient la facilité de s'adresser à un banquier.

Intérêts des apports des associés. — La Commission Supérieure a appliqué ce principe que les intérêts de fonds mis en société doivent être compris dans le bénéfice imposable :

Considérant que les apports des sieurs X... et Y... supportent les aléas de l'entreprise et que leur rémunération ne peut consister que dans le bénéfice même réalisé par la Société; que, d'ailleurs, dans le calcul du bénéfice normal adopté par les requérants et établi d'après 6 p. 100 des capitaux engagés dans l'entreprise, la somme correspondant à l'intérêt des apports des associés se trouve comptée; que dès lors la somme affectée, pendant la période d'imposition, au service de l'intérêt desdits apports, doit entrer en compte pour la détermination du bénéfice imposable; (Décision du 10 mars 1917)

Considérant que l'assiette de la contribution extraordinaire établie par la loi du 1er juillet 1916 repose sur une comparaison entre le bénéfice normal et celui de la période d'imposition;

Considérant qu'il ressort du dossier que, dans la période normale, le requérant a compris les intérêts du capital engagé par lui dans l'entreprise parmi les frais généraux qui figurent au passif du bilan;

Considérant toutefois qu'il n'a pas été tenu compte de cette déduction pour la détermination du bénéfice normal; qu'établis selon les règles antérieures de l'entreprise, les bilans de la période normale présentent des résultats déficitaires; qu'à raison de ce fait le bénéfice normal a été évalué d'après le forfait légal à raison de 6 p. 100 du capital engagé;

Que, dès lors, la déduction susvisée ne saurait être opérée sur le bénéfice de la période d'imposition sans fausser la comparaison établie par la loi;.... (Décision du 9 mars 1917).

Société. Cette dette inscrite au passif doit-elle être payée avant la taxation du bénéfice? L'espèce serait très délicate si les intérêts figuraient, dès avant la guerre, à un compte spécial, avec un crédit global au profit des actionnaires impayés, mais ce cas est rare. Si l'écriture n'a pas été passée, si le droit n'a pas été traduit dans les bilans dès avant la guerre, la déduction ne nous paraît pas admissible — pas plus que les pertes d'avant-guerre ne sont elles-mêmes déductibles.

AMORTISSEMENT DES ACTIONS. — BÉNÉFICE

Par une erreur évidente de terminologie, les sociétés qui remboursent le capital des actionnaires et délivrent des actions de jouissance en remplacement des actions de capital, appellent cette opération " l'amortissement des actions ".

Rembourser son capital, c'est se libérer vis-à-vis de ses actionnaires, c'est payer une dette, ce n'est point amortir, tout au moins au sens comptable du mot tel que nous l'avons d'ailleurs défini plus haut. Le capital-actions ne peut être remboursé que sur un excédent de bénéfice ou sur des réserves accumulées depuis des années qui sont du bénéfice emmagasiné sans emploi prédéterminé. L'amortissement des actions n'est donc pas déductible et représente un bénéfice imposable, si cet amortissement n'est pas prélevé sur d'anciennes réserves restées sans emploi.

ACTIONS ÉMISES AVEC PRIMES

Quand une Société bénéficie d'une situation financière très brillante, quand son actif représente — et au delà — la somme nécessaire pour faire face au passif et permet d'envisager la répartition entre les actionnaires d'un boni de liquidation, elle peut, lors d'une émission, faire payer une prime aux nouveaux actionnaires. Le titre est de mille francs : la Société l'émettra, par exemple, à 1.100 francs. Cinq mille nouvelles actions de mille francs produiront une augmentation de capital de 5 millions de francs, seul chiffre qui figurera au bilan, au poste capital, mais la Société encaissera 5 millions et demi. Les cinq cent mille francs ainsi versés par les actionnaires ne constituent pas un bénéfice imposable. Ils ne sont pas le produit de l'exploitation : ils sont le prix moyennant lequel les nouveaux actionnaires achètent le droit de venir au partage de l'actif social lors de la dissolution de la Société au même rang que les actionnaires antérieurs. Le Fisc n'a donc absolument rien à voir sur la prime dont s'agit.

OBLIGATIONS. — AMORTISSEMENT

L'amortissement normal des obligations, celui qui est conforme au pacte social ou à la délibération de l'assemblée générale qui a décidé la création des obligations, constitue une dette annuelle. Mais les amortissements exceptionnels, ceux que la Société aurait le droit de ne pas faire, et qu'elle fait, pour ainsi dire par anticipation, sont évidemment prélevés sur les bénéfices réalisés pendant l'année et les sommes dont s'agit doivent par conséquent être ajoutées au produit net recherché pour l'assiette de l'impôt.

RÉSERVE LÉGALE. — DÉDUCTION AUTORISÉE DANS LES SOCIÉTÉS ANONYMES

La réserve légale, c'est dans les Sociétés anonymes par actions un prélèvement de un vingtième ou cinq pour cent fait annuellement sur le bénéfice net et conservé dans la caisse sociale en vue d'éventualités toujours à redouter. Ce prélèvement est obligatoire tant que le fonds de réserve n'a pas atteint le dixième du capital social (article 27 de la loi du 24 juillet 1867 sur les Sociétés). Mais ce prélèvement n'est obligatoire que dans les Sociétés anonymes par actions. La loi du 1er juillet 1916 autorise la déduction de la réserve légale. Cette déduction est donc de droit dans les Sociétés anonymes seules. Elles peuvent créer leur réserve légale en un ou plusieurs exercices; du bénéfice d'une année, elles peuvent prélever non seulement les 5 % qui constituent le minimum obligatoire, mais d'un seul coup la totalité de la réserve, soit 10 % du capital social. Tous les autres prélèvements ne sont pas déductibles au point de vue fiscal, quand le chiffre de la réserve légale a atteint le maximum prévu par la loi. Ce sont des réserves de

---

D'ailleurs, la Commission supérieure a tranché définitivement cette question dans le sens sus-indiqué :

Considérant, que si l'article 5 précité prescrit que tout patenté produit une déclaration comportant, entre autres mentions, celle des sommes déduites pour la réserve légale, cette prescription ne saurait être interprétée, à raison des termes dans lesquels elle est conçue, autrement que comme conférant au contribuable le droit d'indiquer dans sa déclaration les sommes qu'il a dû déduire pour constituer un fonds de réserve, toutes les fois qu'il est astreint à cette obligation par la loi, afin que lesdites sommes puissent, en application du paragraphe 1er de l'article 3 de la loi du 1er juillet 1916, être déduites lors du calcul du produit net de l'entreprise en période de guerre; que rien, ni dans les travaux préparatoires de la loi, ni dans les discussions des deux Chambres, n'autorise à conclure que la volonté du législateur ait été de rendre obligatoire, au profit de tout assujetti à la contribution extraordinaire, par le seul fait qu'il exerce une profession soumise à l'impôt de la patente, la déduction d'une somme égale au prélèvement que, d'après l'article 36 de la loi du 24 juillet 1867, les sociétés anonymes seules doivent effectuer annuellement sur leurs bénéfices nets;

Considérant, dès lors, que le sieur X... ne peut se prévaloir de ce fait qu'il exerce une profession à raison de laquelle il était soumis à la patente antérieurement au 1er août 1914 pour prétendre qu'il doit lui être fait sur ses bénéfices une déduction de 5 p. 100, en exécution des dispositions combinées de l'article 36 de la loi du 24 juillet 1867 et de l'article 5 de la loi du 1er juillet 1916, et que c'est à bon droit que la Commission du premier degré a fixé les bénéfices réalisés par lui sans opérer ladite déduction;....

(Décision du 12 février 1917).

Solution confirmée par M. le Ministre des Finances en réponse à une question posée par M. Boudenoot, sénateur (Journal Officiel de la République Française du 23 février 1917).

prévoyance, des réserves d'avenir, des réserves d'ordre, suivant le qualificatif qu'on leur donne dans tel ou tel cas, mais quel qu'en soit le nom, ce sont des bénéfices incontestablement imposables.

Les chefs d'industrie, les commerçants, les associés en nom collectif, les associés en commandite, les Sociétés en commandite par actions, ne peuvent pas constituer une réserve légale qui, au point de vue de la loi du 1er juillet 1916, soit déductible.

JUSTIFICATION DE LA DÉDUCTON DE LA RÉSERVE LÉGALE

On s'est demandé pour quels motifs le législateur avait autorisé la déduction de la réserve légale. Il a semblé que cette déduction était le résultat d'une improvisation. Cependant on doit noter que la réserve légale est une partie du produit net qui, dans les Sociétés anonymes, ne peut être distribuée, qui doit être mise de côté, en vue d'éventualités fâcheuses toujours à redouter. Si les circonstances commerciales ou industrielles demeurent favorables, la réserve légale augmente le capital social et constitue, lors de la cessation des affaires, un boni de liquidation. Les actionnaires actuels, par conséquent, n'en profitent pas ou ils n'en profitent qu'en puissance, en tant que la réserve légale vient augmenter la valeur même en capital de leurs actions.

Si, par exemple, une Société anonyme réalise un million de bénéfices, elle doit faire passer à la réserve légale 50.000 francs. L'impôt qui aurait été calculé sans tenir compte de cette réserve aurait donc permis à l'État d'encaisser 500.000 francs, tandis qu'il n'aurait été distribué, en réalité, aux actionnaires, que 450.000 francs. Le législateur n'a pas voulu de cette inégalité apparente. Il a décidé que du chiffre d'un million de bénéfices imposables, on déduirait d'abord 50.000 francs, de telle manière que la taxe serait calculée uniquement sur le chiffre de 950.000 francs, l'État touchant 475.000 francs pour sa part et les actionnaires pouvant se répartir les 475.000 autres francs.

Provisions insuffisantes — Report de l'exercice suivant. — Il peut arriver que la réserve à constituer soit supérieure au montant des bénéfices réalisés. Il n'y a pas alors perte de l'exercice à proprement parler : il y a simplement "néant" comme bénéfice imposable.

Si pendant l'exercice suivant des bénéfices sont réalisés, le complément de la réserve peut-être prélevé sur les bénéfices de cette nouvelle période.

Exemple : une maison qui, pendant la première période d'imposition a réalisé 25.000 francs de bénéfices envisage les conséquences d'un procès qui peut apporter une perte de 150.000 francs : elle crée donc, pour la première période, la réserve de cent cinquante mille francs. Comme elle n'a que 25.000 francs de bénéfices, il y a insuffisance de cent vingt-cinq mille francs. Cette première année n'est pas déficitaire : elle donne comme résultat zéro. Ce point est intéressant à noter, parce qu'il n'y aura pas de détaxe provenant de pertes sur un exercice envisagé lors de la revision générale d'après-guerre. Si l'année suivante cette entreprise réalise un bénéfice de 75.000 francs, le procès étant toujours en cours, comme il arrive fréquemment, elle peut à nouveau créer une seconde partie de la réserve et mettre de côté les 75.000 francs. Au total une réserve de cent mille francs à valoir sur son risque de 150.000 francs résultant des procès en cours est créé en deux exercices et ainsi de suite.

ÉSERVES DE PRÉVOYANCE. — RÉSERVES D'AVENIR. — RÉSERVES POUR TRAVAUX A ENGAGER

Quelle que soit la terminologie employée pour baptiser les réserves, les sommes, qu'un industriel ou une Société ne veut pas distribuer à ses actionnaires pour faire face à toute espèce d'éventualités, même les plus malheureuses, ou pour agrandir, étendre, doubler les affaires, ces sommes constituent évidemment un bénéfice imposable. Le législateur n'a pas, comme l'Administrateur de la Société anonyme ou comme le commerçant ou l'industriel avisé, la préoccupation du futur, la valeur du titre à maintenir, la permanence du dividende à assurer, la distribution de revenus toujours égaux, quels que soient les aléas de la vie économique. Il se présente et envisage l'exercice écoulé, c'est sur le bénéfice net de l'exercice que porte son droit, sans souci du lendemain, sans qu'il fasse entrer en ligne de compte aucune considération de sagesse et de prudence.

ROVISIONS POUR RÉINSTALLATION APRÈS GUERRE

Nombre d'usines ont été transformées de manière à pouvoir être utilisées pour la fabrication des armements et des munitions. Des dépenses importantes ont été engagées, qui évidemment font l'objet d'amortissements exceptionnels frappant la période de guerre, mais lorsque les hostilités auront cessé, lorsqu'il faudra reprendre l'entreprise antérieure, il y aura une nouvelle transformation à faire subir à ces aménagements : cette transformation doit être dès à présent prévue et un compte de provision ouvert dans les livres du contribuable.

ROVISIONS POUR PÉNALITÉS OU REFUS DE MARCHANDISES. — FOURNISSEURS DE L'ÉTAT

Tous les fournisseurs de l'État sont tenus, aux termes de leurs marchés, de payer des pénalités au cas de retard dans la livraison. Ils sont en outre exposés à ce que les marchandises qu'ils ont livrées et facturées ne soient point acceptées et leur soient retournées purement et simplement. Sur les livraisons de l'année, facturées et débitées au compte de l'Administration qui les a commandées, il est donc tout à fait juste et équitable de prévoir une provision pour les pénalités et les refus dont s'agit. Les Commissions se renseigneront facilement sur l'exactitude de cette provision, puisqu'elles pourront s'adresser à l'Administration qui aura passé le marché et reçu la livraison. Les contribuables auront donc, de leur côté, tout intérêt à maintenir ces provisions dans une très juste limite.

D'ailleurs, encore une fois, ce compte de provision est essentiellement précaire : c'est une somme mise en réserve conditionnellement. Si la condition ne se réalise pas ou ne se réalise que partiellement, c'est-à-dire s'il n'est proposé aucune pénalité, s'il ne survient aucun refus de marchandises, le contribuable devra considérer la provision comme un excédent de bénéfice à reporter sur l'exercice pendant lequel le marché aura été définitivement liquidé.*

PROVISIONS POUR REVISION DE MARCHÉS DE GUERRE

Les fournisseurs de l'artillerie, et notamment les fournisseurs du service des forges et du service de poudreries et certains autres fournisseurs de guerre ont traité avec l'État sur des bases tout à fait spéciales. Leurs prix de vente ont été établis d'après divers barêmes imposés, sur la justification des débours d'achat de matières premières. Modifiés de nombreuses fois au cours de la guerre, ces barêmes seront vraisemblablement encore une fois revisés. Notons que cette revision spéciale, contractuelle, n'est pas la revision des marchés de guerre dont il a été si souvent question au Parlement. C'est une revision prévue au contrat et qui par conséquent ne soulève aucune question de droit. La mise en réserve, dans les comptes de ces fournisseurs, d'une provision pour parer à cette éventualité est logique et s'impose. Les Commissions de taxation se rendront très facilement compte de la sincérité de cette provision et de son exactitude en consultant les autres services intéressés.

PROVISION POUR LES ASSURANCES

Certains établissements de guerre, certaines compagnies de navigation ont éprouvé des difficultés fort sérieuses pour réaliser des contrats d'assurances les couvrant contre les risques de l'incendie et contre les accidents, ou auraient été obligés de payer des primes telles qu'ils ont considéré comme préférable de ne pas souscrire d'assurance. Ils sont, pour employer le langage professionnel "leurs propres assureurs". Quelle provision et quelle réserve ont-ils le droit de faire à ce sujet ? Qu'ils aient le droit et même l'obligation de porter en compte une réserve annuelle égale au montant de la prime la plus élevée qui leur a été demandée, cela

* La Commission de l'Isère n'a point admis cette réserve. — Solution critiquable, sauf examen plus approfondi de l'espèce.

est naturel et ne souffre aucune difficulté. Mais cette réserve est-elle suffisante? L'industriel qui n'est point assuré contre l'incendie ou contre les accidents parce qu'il exerce un métier extrêmement dangereux, est-il suffisamment garanti lorsqu'il a porté dans son bilan une somme équivalente à une prime d'assurance très coûteuse? Survienne le moindre accident : la réserve sera vite épuisée et les bénéfices transformés en une perte irréparable. Il n'est pas besoin de rappeler des explosions comme celle de la rue de Tolbiac pour montrer quelle prudence s'impose à la sagacité des industriels. Or, dans une compagnie d'assurance, l'ensemble des risques se compense, des réassurances interviennent, une moyenne s'établit d'où découle la prime. Toute autre est la situation de celui qui est son propre assureur. Si l'accident arrive, c'est peut-être la totalité des bénéfices qui disparaît, peut être même une partie ou la totalité de l'actif. Faut-il aller jusqu'à admettre que ces industriels ont le droit d'inscrire au passif des réserves d'une importance considérable, égales à la valeur des installations et du matériel non assuré, réserves évidemment précaires et revisables en fin de contribution de guerre? Quelque délicate que paraisse la question, nous estimons que si l'industriel ou le commerçant justifiaient d'une impossibilité rélle, certaine, d'assurer tout ou partie de certains risques, malgré l'offre de primes aussi élevées que possible, les Commissions auraient le devoir d'accepter de ce chef des provisions ou réserves couvrant la presque totalité des risques et même, dans certains cas, tous les risques. Ces réserves viendront en bénéfice lors du dernier exercice de la contribution si l'accident redouté n'est point survenu.

PROVISION POUR RESPONSABILITÉ DÉCENNALE DANS LE BATIMENT

Les architectes et les entrepreneurs sont, après la réception définitive de leurs travaux, responsables pendant dix ans de la perte totale ou partielle du bâtiment, résultant d'un vice de construction ou même d'un vice du sol. S'ils ne sont point assurés contre le risque dont s'agit, ils ont évidemment le droit de porter également en dépenses au passif le montant de la prime qu'ils devraient payer à une compagnie d'assurance. C'est une provision équitable qui s'impose.

IMPOTS A PAYER. — IMPOTS NON LIQUIDÉS. — PATENTE DE FOURNITURES. — DÉDUCTION

Les impôts viennent en frais généraux et aucune difficulté ne paraît devoir être soulevée de ce chef. Cependant certaines Commissions du premier degré n'ont pas admis que les industriels fassent figurer au passif, des impôts qui n'étaient point payés et notamment l'impôt de la patente de 25 centimes pour cent en ce qui concerne les fournitures faites à l'État ou aux Administrations publiques. Les rôles de cette patente, en effet, n'ont pas été publiés en 1916, bien que la patente soit due. Il est de principe certain que toutes sommes dues, que tous les engagements doivent figurer au passif dès que la somme est liquide. Ce n'est point parce que le percepteur n'a pas encore reçu les rôles de l'impôt nouveau de la patente que cette somme n'est pas due. Son exigibilité est certaine; il est donc naturel de calculer la somme due et de la passer dans les écritures. Autrement, comme cet impôt est relativement élevé, on s'exposerait à fausser les résultats d'une année. Cela n'aurait pas d'importance s'il ne s'agissait que de l'entreprise elle-même. Les années se succèdent, s'enchevêtrent : le lien qui les unit fait la force de l'entreprise, mais le point de vue fiscal est au contraire essentiellement différent. Chaque période d'imposition est envisagée isolément, sans action réflexe d'une année à l'autre. La perte d'une année ne vient point en diminution des bénéfices de l'année suivante. Le bénéfice d'une année est immédiatement frappé de l'impôt, quels que soient les aléas du lendemain. Par conséquent, si le contribuable ne fait pas figurer en 1916 la totalité de la somme dont il est redevable pour l'impôt de la patente notamment sur toutes les fournitures qu'il a faites depuis le début des hostilités, il fausse ses résultats, déclare un bénéfice trop élevé, s'expose à payer une somme qu'il ne doit pas. Si l'exercice 1917 n'apportait pas de bénéfices, il n'aurait plus le moyen de récupérer le trop payé.[1]

Prenons l'exemple d'un industriel qui, en 1916, a réalisé 150.000 francs de bénéfices dont cinquante mille de bénéfices supplémentaires. Supposons aussi que sa patente de fournitures soit de trente mille francs. Cette patente n'a point été payée en 1916, parce qu'on ne la lui a point réclamée. Si on ne la porte pas sur les livres pendant l'exercice 1916, la part de l'État sera de 25.000 francs sur les bénéfices supplémentaires de cinquante mille francs. Si, au contraire, on le passe en écritures, comme on doit le faire, le bénéfice sera réduit à cent vingt mille francs dont vingt mille francs seulement frappés de la taxe de guerre.

Si les trente mille francs de patente n'étaient pas portés dans les écritures de 1916, ils viendraient aux écritures en 1917 lors du paiement. Supposons cette année déficitaire; l'industriel aura indiscutablement payé en 1916 quinze mille francs de taxe qu'il ne devait pas sur les bénéfices de guerre et ce, sans recours possible.

---

[1] La Commission de taxation de l'Isère n'a point admis le principe de cette réserve. — cette solution nous paraît critiquable.

CHAPITRE VI

BÉNÉFICES SUPPLÉMENTAIRES

PRODUIT NET DE LA PÉRIODE DE GUERRE (Suite)

LE COMPTE DE "PROFITS ET PERTES"

FRAIS GÉNÉRAUX. — PUBLICITÉ

Tous les frais généraux sont déductibles; ils constituent une charge de l'entreprise. Les Commissions les vérifient et en demandent fréquemment le détail pour les comparer avec les frais généraux d'avant-guerre; elles s'assurent ainsi que les contribuables ne dissimulent aucun bénéfice imposable. *

Quant aux dépenses de publicité elles sont généralement amorties sur l'année même pendant laquelle elles sont faites. Dans ces conditions, elles constituent des frais généraux. On a cherché à soutenir cette thèse que ces dépenses profitant aux exercices postérieurs pouvaient être amorties en plusieurs années. Si la thèse est défendable en temps de paix, il paraît bien certain qu'en temps de guerre, la publicité qui s'applique à des produits dont la vente est actuellement courante, est une publicité qu'il importe d'amortir aussi rapidement que possible.

COURTAGES. — COMMISSIONS

Les Commissions payées à tous les intermédiaires constituent évidemment des frais généraux. Aucune difficulté en ce qui concerne les Commissions

---

* **Commissions versées à des tiers.** — Les commissions payées aux courtiers sont évidemment déductibles. Une Commission du premier degré qui avait refusé d'admettre cette déduction évidemment parce que les justifications lui paraissaient insuffisantes n'a pas été suivie par la Commission Supérieure qui a admis la déduction.

Considérant qu'il résulte de l'instruction que le chiffre de 11.361 francs auquel la Commission du premier degré a évalué le bénéfice exceptionnel réalisé par les requérants est exagéré; et qu'en tenant compte de l'indemnité de location due au sieur X... fils, **de la commission versée à un intermédiaire pour l'achat des marchandises** *et des frais des voyages effectués en vue de l'exécution des marchés, le chiffre servant de base à l'imposition des sieurs X... et Y... doit être ramené à 9.075 francs.* (Décision du 23 mars 1917.)

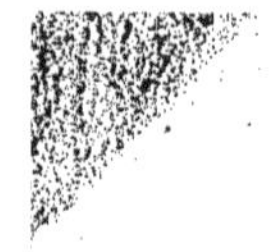

normales : elles ne seront point discutées par l'Administration fiscale et serons justifiées par des pièces de comptabilité en règle. Mais il y a des Commissiont d'une nature beaucoup plus délicate. Il y a eu à rémunérer des concours qui resteront dans l'ombre. Ces Commissions sont néanmoins déductibles; c'est à ceux qui les ont données ou à ceux qui les ont reçues qu'il appartient seuls de juger de l'opportunité de les faire figurer dans les livres.

En tout cas, pour calmer certaines préoccupations, remarquons en passant que le secret professionnel impose à l'Administration l'obligation de ne point révéler les crimes, délits, contraventions et fraudes dont la vérification pourrait amener la découverte.

INDEMNITÉS D'ASSURANCES. — DÉDUCTION

Les primes d'assurances de toutes natures constituent des frais généraux. Aucune discussion possible de ce chef.

Mais ce qu'il importe d'examiner, c'est le rôle de l'indemnité touchée à la suite d'un sinistre : cette indemnité peut-elle constituer un bénéfice? Il est de principe certain, d'une part, que l'indemnité payée par une Compagnie d'assurances ne doit pas juridiquement laisser de pertes et qu'elle ne peut pas être la cause d'un bénéfice. L'assureur doit rembourser à l'assuré la valeur exacte, au jour du sinistre, de la chose sinistrée. Lorsque l'indemnité va passer en écritures comptables, elle ne donnera donc lieu ni à une perte, ni à un bénéfice si le bâtiment ou le matériel sinistré figurent dans les écritures pour la valeur exacte qu'ils avaient au moment du sinistre; mais on conçoit fort bien qu'il n'en est presque jamais ainsi et ce, notamment, à raison du jeu des amortissements.

Prenons le cas le plus typique; celui où la chose sinistrée figure pour un franc dans les livres. Le chef d'entreprise qui touche une indemnité de 300.000 francs ne fait incontestablement pas un bénéfice de 299.999 francs. Il doit donc passer les écritures comptables nécessaires pour rétablir l'équilibre réel et ne peut y avoir de difficultés sur ce point. Cette conclusion logique et conforme au bon sens a d'ailleurs été admise par M. le Ministre des Finances dans une lettre qu'il a adressée à M. le Sous-Secrétaire d'État à la Marine, qui lui avait posé une question à ce sujet.*

Peu importe que l'entreprise sinistrée remplace ou ne remplace pas immédiatement l'objet sinistré. En écritures comptables comme dans la réalité des faits, l'indemnité est représentative de la valeur de la partie du matériel sinistrée. L'équilibre demeure dans les écritures. Lors du remplacement, la valeur du

* *Lettre du Ministre des Finances au Sous-Secrétariat d'État à la Marine du 8 novembre 1916 relative aux sinistres en mer de la marine marchande.*

L'impôt sur le Revenu. — Non déduction. — L'impôt sur le Revenu n'est pas déductible des bénéfices commerciaux ou industriels. Cet impôt en effet frappe l'ensemble des ressources du contribuable : il est une dette personnelle de l'exploitant; il n'est pas une charge de l'entreprise. Il ne doit pas entrer dans les écritures comptables de la maison de commerce ou de l'industrie — partant, c'est à tort qu'un contribuable demanderait qu'il fut déduit des bénéfices réalisés.

matériel sera accrue du prix de revient de l'objet introduit en remplacement de ce qui a été sinistré. Aucun bénéfice ne peut sortir de ces écritures si elles sont correctement passées.

INDEMNITÉ D'ASSURANCE INFÉRIEURE A LA VALEUR EN ÉCRITURES DE L'OBJET SINISTRÉ

Si, pour des raisons quelconques, la Compagnie d'assurances ne paye pas à titre d'indemnité la somme pour laquelle l'objet sinistré figure aux écritures, il est indiscutable qu'il y a perte.

Voici par exemple un hangar qui figure dans les écritures pour une somme de 10.000 francs; il est entièrement sinistré et l'indemnité fixée définitivement à 8.000 francs. Il y a incontestablement perte de 2.000 francs qui doit être passée par le compte "Profits et Pertes".

Il en serait de même dans une entreprise de transports ou tel cheval figurant dans les écritures pour une somme de 1.800 francs et pour lequel la Compagnie ne verserait, en cas de mort, qu'une indemnité de 1.500 francs.

Ce sont là des principes comptables absolument indiscutables et à l'abri de toute critique.

INDEMNITÉS DE RÉQUISITIONS. — PERTES OU BÉNÉFICES

Les réquisitions que la loi du 3 juillet 1877 donne à l'État le droit d'exercer peuvent, comme les indemnités d'assurances en cas de sinistres, être la cause d'un enrichissement apparent dans les écritures ou d'une perte réelle. Les principes que nous avons posés en ce qui concerne les sinistres trouvent leur application en ce qui concerne le règlement des réquisitions. La réquisition militaire paye une indemnité de 100.000 francs pour un objet figurant en écritures pour 85.000 francs, il n'y a pas là et il ne peut y avoir bénéfice commercial. L'indemnité allouée est, en effet, représentative de la valeur exacte de l'objet au moment de sa réquisition et les écritures doivent être rectifiées de manière à rétablir l'objet pour sa valeur réelle à l'actif.

Si, au contraire, l'objet figure pour une somme supérieure à sa valeur dans les écritures, il y a indiscutablement perte puisqu'il apparaît nettement du prix de réquisition qu'il a été surestimé au moment de l'inventaire.

FRAIS DE VOYAGE ET DÉPLACEMENTS

Les patrons, les associés en nom collectif, les principaux employés intéressés, ont très souvent un forfait de voyages,* journalier ou mensuel, forfait qui comprend non seulement les débours rendus obligatoires par les déplacements

---

* **Frais de voyages de déplacement en automobile.** — La Commission du premier degré du Puy-de-Dôme a autorisé la déduction de frais de voyages et fixés forfaitairement à seize mille francs pour une année (décision concernant M. T... à Clermont-Ferrand).

II. — Les frais de voyage faits pour l'exécution de marchés sont évidemment des dépenses déductibles. La preuve du déplacement et la preuve de la dépense résultent en principe des écritures du livre de caisse. Toutefois, certains contribuables n'ont même pas pu représenter ce commencement de preuve; aussi la Commission du premier degré a-t-elle refusé d'admettre la déduction d'une somme de 400 francs représentant les frais de deux voyages à Paris. La Commission Supérieure a été beaucoup plus libérale; elle a admis la déduction, parce qu'elle a évidemment eu la certitude morale que si le fait du voyage n'était pas matériellement prouvé, il apparaissait comme indiscutable que ces deux voyages avaient eu lieu.

(*Voir décision du 23 mars 1917 citée page 69 en renvoi*).

nécessités par les affaires, mais qui correspond à de véritables frais généraux de représentation. Les affaires ne se font pas sans qu'on soit obligé, dans bien des cas, à certaines dépenses somptuaires. Ces dépenses sont difficiles à justifier. Pour éviter toutes contestations, nombre de maisons allouent des forfaits journaliers ou mensuels qui, quelquefois, atteignent des chiffres très élevés. Ces dépenses constituent indiscutablement des frais généraux. C'est aux Commissions à rechercher si, sous le couvert de forfaits ainsi surélevés pendant la guerre, ne se dissimule pas une partie réelle de bénéfice, si le but de cette allocation est réellement de rétribuer la dépense faite ou au contraire de frauder le Fisc — recherches évidemment particulièrement délicates.

BÉNÉFICES EXTRAORDINAIRES. — CRÉANCES PASSÉES PAR PROFITS ET PERTES ET RECOUVRÉES PENDANT LA GUERRE

Certains débiteurs revenus à meilleure fortune ont, pendant la guerre, payé des dettes dont leurs créanciers considéraient le recouvrement comme désespéré. Le créancier avait donc passé, longtemps avant la guerre, la créance dont s'agit par Profits et Pertes. S'il en reçoit le montant, il réalise un bénéfice qui n'est cependant pas égal au bénéfice qui ressort des livres comptables.

Supposons, en effet, le recouvrement d'une créance de 5.000 francs qui figure dans les livres pour un franc. Le bénéfice au bilan apparaît comme étant de 4.999 francs; le bénéfice réel n'est que de la différence entre le prix de revient de la marchandise vendue et le montant de la facture. A ce prix de revient, il y aurait d'ailleurs lieu d'ajouter les intérêts depuis le jour de la livraison. Faut-il rétablir les écritures?

Au point de vue fiscal, toutes ces considérations n'ont pas à intervenir. Le bilan va faire apparaître comme bénéfice net 4.999 francs. C'est un recouvrement dont le créancier lui-même avait annoncé l'impossibilité puisqu'il l'avait passé par Profits et Pertes. C'est donc la totalité de cette somme sans aucune diminution, ni amortissement, ni réserve, qui doit être passée par Profits et Pertes, cette fois du côté Profits.

SOUSCRIPTION A DES ŒUVRES DE BIENFAISANCE

Les Sociétés puissantes et tous les particuliers qui ont réalisé de gros bénéfices pendant la guerre sont plus que d'autres moralement obligés de donner leur concours à des œuvres de bienfaisance organisées au profit des victimes de la guerre. Ils le font souvent d'ailleurs avec la plus parfaite bonne grâce et le meilleur esprit philanthropique. Quelque louables que soient ces dépenses, quelque généreuse que soit la pensée qui les inspire, il n'en est pas moins certain qu'elles représentent un prélèvement sur le bénéfice net et que partant les dépenses dont s'agit ne doivent pas être retranchées du produit net de l'entreprise envisagée. Elles ne sont donc pas déductibles au point de vue fiscal. (Décision conforme de la Commission Supérieure du 23 mars 1917.) *

* **Cantines, Habitations à Bon Marché, Œuvres Post-Scolaires, Distributions de Chaussures, etc.** — Tous les avantages indirects constituent en fait un salaire supplémentaire accordé aux ouvriers et aux employés. Ils sont évidemment une charge sociale et n'ont de la bienfaisance que l'apparence, car les dépenses profitent indirectement à la Société qui les avance, en facilitant le recrutement de la main-d'œuvre nécessaire. Elles doivent donc être déduites des bénéfices La Commission de taxation de l'Ain a partiellement admis cette solution.

PAIEMENT DE LA CONTRIBUTION DE GUERRE

La contribution de guerre doit-elle être portée au compte de frais généraux ou au compte Pertes et Profits?

Voici un particulier qui a réalisé pendant l'exercice 1916, 500.000 francs de bénéfices supplémentaires imposables, déduction faite de 5.000 francs. Il doit donc payer une contribution de guerre de 250.000 francs. En 1917, ses recettes brutes s'élèvent à 5.000.000
et ses dépenses déductibles à 4.000.000
Il a donc réalisé un bénéfice net de 1.000.000

et c'est sur ce chiffre que sera calculée la part de l'État. Si on lui permettait, sous le prétexte qu'il a payé en 1917 l'impôt de 1916 : deux cent cinquante mille francs (ou plus exactement 125.000 francs parce que la moitié seule de la somme est exigible) il aurait pour l'exercice 1917 la situation suivante :

Recettes	5.000.000
Dépenses	4.125.000
Bénéfice net	875.000

L'État serait donc lésé d'une fraction de sa part sur les bénéfices de 1917. La vérité est qu'au point de vue comptable il doit être créé une rubrique spéciale dans les comptes, rubrique *contribution extraordinaire sur les bénéfices de guerre.* Ce compte est crédité du montant de la somme à payer par le débit de Profits et Pertes de 1916; il est débité par le crédit de la caisse au moment où s'effectue le paiement. Au point de vue comptable, il se balance donc par le paiement.

PRÉLÈVEMENTS MENSUELS

Il est d'usage, dans la plupart des fonds de commerce et des entreprises que le chef d'entreprise prélève une somme mensuelle pour faire face à ses besoins

---

Salaires des employés. — Famille du contribuable — Dépenses de maison. — Le salaire ou les appointements versés à tous les employés, même s'ils sont membres de la famille du contribuable constituent évidemment des frais généraux et sont, par conséquent, déductibles du bénéfice net, mais encore faut-il que le contribuable puisse prouver la réalité du paiement

La Commission supérieure saisie d'un recours introduit par une personne qui ne faisait pas cette preuve, a maintenu la décision de la Commission du premier degré rejetant la déduction.

Les dépenses de maison ne constituent évidemment en aucune manière des frais généraux. Elles sont un prélèvement du commerçant sur ses bénéfices éventuels.

La Commission Supérieure a posé ces principes dans les décisions suivantes :

Considérant que, pour demander la réformation de la décision attaquée, la dame X... soutient que la Commission du premier degré aurait tenu compte à tort, pour la détermination de son bénéfice imposable, des sommes afférentes à ses dépenses de maison et du montant du salaire, fixé à 250 francs par mois, versé par elle à sa fille pour l'aider dans l'exploitation de son fonds de commerce;

Considérant, d'une part, que les sommes affectées aux dépenses de maison des contribuables constituent un des éléments de leur bénéfice, et qu'il résulte de l'instruction qu'il a été tenu compte par la Commission du premier degré des dépenses de maison de la dame X..., tant pour la détermination du bénéfice normal que pour le calcul du bénéfice net réalisé pendant la période d'imposition;

Considérant, d'autre part, que la requérante vit en commun avec sa fille, qu'elle ne justifie d'aucune convention d'après laquelle elle se serait engagée à lui donner une rémunération mensuelle de 250 francs, et qu'elle ne fait pas mention de son salaire dans ses livres de commerce;

(Décision du 26 février 1917.)

Considérant que les sommes prélevées par les contribuables sur les produits de leur entreprise pour faire face à leurs dépenses personnelles constituent un élément du bénéfice imposable.

(Décision du 20 mars 1917.)

personnels. Ces prélèvements sont même quelquefois qualifiés dans certaines comptabilités de *frais de maison* et sont passés par frais généraux. Si au point de vue du chef d'entreprise, ils peuvent être considérés comme le paiement du travail par lui fourni dans sa propre maison, comme l'équivalent des appointements qu'il pourrait gagner s'il était lui-même employé, il est incontestable qu'ils sont, au point de vue fiscal, de réels bénéfices et que par conséquent, ils doivent être ajoutés au bénéfice net et sont frappés de l'impôt. Certaines Commissions ont néanmoins autorisé ce prélèvement et l'ont exempté de l'impôt, lorsqu'il portait sur des sommes relativement peu élevées. La Commission supérieure n'a point admis cette tolérance.

RÉPARTITION DU BÉNÉFICE NET

Le solde du compte de Profits et Pertes, quand tous les amortissements sont passés, constitue le produit net.

Ce produit net est réparti suivant les règles posées dans le pacte social, lorsqu'il s'agit d'une Société en nom collectif, en commandite, ou anonyme, ou suivant les engagements pris par les chefs d'entreprise ou leurs vues personnelles.

Ceux qui ont droit à un prorata du produit net sont généralement les suivants:

EMPLOYÉS INTÉRESSÉS

Les ouvriers, employés et directeurs sont, dans bien des cas, associés aux bénéfices pour stimuler leur zèle et pour rémunérer leurs efforts.

Le prélèvement fait en leur faveur constitue une charge sociale, qu'il résulte d'un contrat nettement déterminé ou qu'il affecte même le caractère d'une gratification. Les gratifications, en effet, sont dans la plupart des cas de réels suppléments de salaire; sans être obligatoires, elles sont attendues. Tous les patrons qui ont pris l'habitude d'intéresser leur personnel à la marche et au résultat de leurs affaires, ne sauraient s'affranchir de la règle qu'ils ont eux-mêmes posée sans léser réellement de véritables droits acquis. Dans ce cas, prélèvement et participation aux bénéfices sont incontestablement déductibles du bénéfice net imposable.[1]

TANTIÈMES DES MEMBRES DU CONSEIL D'ADMINISTRATION

La question est autrement délicate lorsqu'il s'agit du prorata des bénéfices alloué aux gérants dans une Société en commandite ou du bénéfice alloué aux membres du Conseil d'administration dans une Société anonyme.

Nombre d'actes de Sociétés prévoient que, sur le produit net, un tantième sera attribué aux gérants et le solde aux commanditaires ou aux actionnaires. Les gérants et les membres du Conseil d'administration participent en effet

---

[1] **Employés intéressés.** — Les employés intéressés, quel que soit le chiffre des bénéfices que la guerre leur procure, ne sont personnellement pas imposables à la contribution extraordinaire sur les bénéfices exceptionnels ou supplémentaires réalisés pendant la période de guerre. Ils ne sont en effet pas patentés et ne rentrent pas non plus dans la catégorie des personnes frappées sur leurs bénéfices exceptionnels. Il y a là une lacune de la loi.

Tantième des administrateurs. — A notre connaissance, la Commission Supérieure n'a rendu jusqu'à ce jour qu'une décision sur cette question. Les conditions dans lesquelles cette décision a été rendue ne paraissent pas suffisamment probantes pour qu'on puisse considérer la décision comme une décision de principe tranchant définitivement cette question

Considérant que l'allocation que reçoivent les administrateurs en vertu de l'article p des statuts de la Société requérante est attribuée par prélèvement jusqu'à concurrence de 10 % sur les bénéfices

aux affaires d'une manière singulièrement plus active que le commanditaire, qui n'a pas le droit de s'en mêler ou que l'actionnaire, qui n'est consulté que pour les questions générales. Il est évident qu'ils ont par conséquent droit à une allocation plus importante que celui qui se contente de donner son capital, sans consacrer aucun moment de son temps, de son expérience ou de ses relations pour le développement et la bonne marche des affaires. Ils encourent de plus une responsabilité que ne connaissent ni les actionnaires, ni les commanditaires et partout où il y a responsabilité, il doit y avoir émolument. Telles sont les raisons que l'on fait valoir à l'appui de la thèse de ceux qui voudraient faire déduire du bénéfice net imposable les tantièmes des administrateurs.

On ne manque pas non plus de faire valoir que le tantième du Conseil d'administration est tellement bien en une certaine manière le paiement d'une dette, l'acquittement d'une charge sociale que c'est uniquement sur le prorata revenant aux actionnaires que les statuts de certaines Sociétés anonymes autorisent le prélèvement des fonds de réserve et des fonds de prévoyance. Cette situation privilégiée accordée aux membres du Conseil d'administration a donné lieu à de très nombreuses discussions et a été très vivement critiquée. Quand les statuts règlent ainsi le partage du produit net, les Administrateurs ont tout intérêt à faire voter des fonds de prévoyance et des fonds de réserve importants. Ils ne sont en rien lésés dans leurs revenus, puisqu'ils touchent l'intégralité du pourcentage auquel ils ont droit comme membres du Conseil d'administration : ils ne sont lésés que comme porteurs d'actions. Or, il arrive fréquemment que le nombre d'actions dont ils sont porteurs est relativement peu élevé. En revanche, ils donnent à leurs titres une plus-value certaine *en capital*, puisqu'ils augmentent les réserves de la Société, consolident son avenir et augmentent le boni de liquidation à répartir entre les actionnaires.

Cet argument est purement spécieux, car il s'agit bien, dans les deux hypothèses, de la répartition du produit net lui-même. De plus, les statuts sont rédigés, en règle générale, par ceux qui seront les premiers membres du Conseil d'administration; ils ont tout intérêt à faire adopter cette rédaction. Les actionnaires qui ratifient les statuts n'en comprennent la portée, la plupart du temps que lorsqu'il est trop tard. Mais, si au point de vue juridique, au point de vue des rapports entre les actionnaires et les Administrateurs ou au point de vue des rapports des commanditaires avec les commandités cette thèse peut-être défendue, tout autre est l'esprit de la loi fiscale. Encore une fois, c'est le " produit net " qui a été envisagé par le législateur. Les restrictions apportées au mode de calcul de ce " produit net " (amortissements et réserves) sont limitativement indiquées par la loi ou découlent de l'équité même. Fiscalement, nous nous trouvons en présence du produit net visé par la loi. Que ce produit net se répartisse également entre tous les intéressés — ou qu'il se répartisse d'une manière inégale en tenant compte de cer-

---

industriels constatés après déduction de toutes les charges sociales; qu'elle ne saurait constituer, **dans les conditions où l'attribution est faite,** *un salaire ni être assimilée à un traitement, mais qu'elle doit, au contraire, être regardée comme ayant le caractère d'une mise en distribution d'une partie des bénéfices au profit de certains associés;*

Que, d'ailleurs, ce caractère a été reconnu aux allocations de cette nature par le législateur qui, dans l'article 12 de la loi du 13 juillet 1911, a spécifié que la taxe de 4 % sur le revenu des valeurs mobilières serait perçue « sur les bénéfices qui, par suite de dispositions statutaires, sont distribués aux membres des conseils d'administration des sociétés »... (Décision du 12 février 1917.)

taines considérations tout à fait équitables — peu importe au législateur. Le produit net est là; c'est sur le produit net qu'il entend faire sa perception. Les tantièmes de l'Administrateur sont une fraction de ce produit net. En distraire quoi que ce soit est aller contre l'esprit de la loi. D'ailleurs, s'il est théoriquement exact que le tantième est le paiement d'une collaboration que ne donnent pas les actionnaires, il faut bien avouer que dans la plupart des cas, les faits vont à l'encontre de cet argument. La situation de membre du Conseil d'administration dans certaines sociétés importantes — et partant dans les sociétés où elle est la plus lucrative — est considérée dans le monde financier comme une situation recherchée. Les émoluments qu'elle rapporte sont hors de proportion avec le service rendu.

Tout au plus, pourrait-on faire une réserve en ce qui concerne la part de bénéfices attribué aux Administrateurs-Délégués si leur participation affecte notamment le caractère d'un supplément de traitement. Dans ce cas, c'est une charge sociale dont on peut demander la déduction.

GÉRANTS DE COMMANDITES — PARTICIPATIONS NON DÉDUCTIBLES

En ce qui concerne les gérants de la Société en commandite, il est bien certain que pour eux, plus encore que pour d'autres, le mode de partage des bénéfices n'a qu'un but : rétablir l'égalité entre le travail fourni, les risques encourus et les sommes touchées. Les commandités sont, en règle générale, les propriétaires presque exclusifs de l'entreprise envisagée; ils y consacrent tout leur temps, toute leur activité, toute leur énergie; mais n'ayant pas pu disposer personnellement des capitaux qui leur étaient indispensables pour développer leur propre affaire, ils ont fait appel au concours du commanditaire. Il est bien certain que ce commanditaire ne doit pas, dans la répartition du produit net, occuper une place égale à celle qu'y occupent les gérants. Le mode de partage des bénéfices est donc une règle qui n'a d'autre but que de fixer la situation des différents intéressés dans une affaire; il ne modifie en rien le caractère du bénéfice à répartir, lequel reste bien, fiscalement, le produit net de l'entreprise envisagée. La déduction du prorata revenant aux commandités est inadmissible. [1]

JETONS DE PRÉSENCE

Sous la forme de "Jetons de présence" ou quelquefois, même, sous la rubrique "frais d'administration", les membres du Conseil d'administration touchent annuellement un émolument qui est la rémunération directe de leur concours. Cet émolument est indépendant des tantièmes sur les bénéfices auxquels ils ont droit dans la répartition du produit net.

Ces "jetons de présence" ou ces "frais d'administration" correspondent évidemment à la rémunération indiscutable d'un service rendu, d'un effort fourni, d'un travail donné. Les Commissions montreront un esprit très libéral en les

---

[1] Décision conforme de la Commission Supérieure du 4 avril 1917.

laissant passer par frais généraux, c'est-à-dire en permettant qu'ils soient déduits du bénéfice imposable. Bien entendu, il importe que "jetons de présence" ou "frais d'administration" demeurent extrêmement modérés et surtout ne soient pas supérieurs à ce qu'ils étaient avant la guerre. Il est incontestable, en effet, que si une Société recourait à ce procédé d'augmentation exagérée de ces jetons de présence ou des frais d'administration pour diminuer le bénéfice net imposable, il y aurait là une véritable fraude qu'il serait du devoir des Commissions de réprimer; mais encore une fois, dans la mesure où les jetons de présence de période de guerre sont équivalents aux jetons de présence d'avant-guerre, on ne saurait les considérer comme un bénéfice réel imposable.

REPORT A NOUVEAU

Lorsque la totalité des bénéfices nets n'est point complètement répartie ou mise en distribution, il existe un solde. Comme le compte "Profits et Pertes" doit être cloturé au point de vue comptable à la fin de chaque année, ce solde est reporté à nouveau comme première écriture du compte de Profits et Pertes de l'exercice suivant, d'où le nom barbare de "*report à nouveau*" donné à cet excédant de bénéfices. Le "report à nouveau" constitue indiscutablement un bénéfice imposable. C'est en réalité une somme qui est mise en *réserve de prévoyance*. Les règles posées en ce qui concerne les réserves de prévoyance s'appliquent donc au report à nouveau.

PERTES SUBIES PENDANT UN EXERCICE DE GUERRE

Les contribuables doivent faire bien attention que la perte subie pendant un exercice de guerre ne rejaillit pas sur un autre exercice, contrairement aux principes comptables. Par exemple, un industriel, dont le solde de compte "Profits et Pertes" se traduit au 31 décembre 1915 par une perte de 30.000 francs, ouvre ses écritures

---

Faits de guerre. — Un contribuable invoquait que lors de l'invasion allemande son matériel a été pillé et qu'il a subi des pertes au lieu de faire un bénéfice.

La Commission Supérieure a maintenu la taxation pour le motif suivant :

Considérant que les pertes dont se plaint le requérant proviennent de faits de guerre et ne constituent pas des déficits d'exploitation, qui sont seuls de nature à être admis, en application de la loi du 1er juillet 1916, s'il y a lieu, à la déduction dans le calcul des bénéfices servant de base à l'imposition. (Décision du 10 mars 1917.)

Considérant qu'il résulte de documents joints au dossier que le sieur X... avait demandé la déduction de ses bénéfices d'une somme de 15.878 fr. 75; représentant le montant de dommages de guerre;

Considérant que les pertes dont se plaint le requérant proviennent de faits de guerre et ne constituent pas des déficits d'exploitation qui sont seuls de nature à être admis, s'il y a lieu, en application de la loi du 1er juillet 1916, à la déduction dans le calcul des bénéfices servant de base à l'imposition. (Autre décision du même jour.)

Considérant que les pertes dont se plaint la requérante proviennent de faits de guerre et ne constituent pas des déficits d'exploitation qui sont seuls admis, par la loi du 1er juillet 1916, s'il y a lieu, à la déduction dans le calcul des bénéfices servant de base à l'imposition. (Même date.)

Il serait indispensable de connaître exactement les faits pour préciser le mérite de ces décisions qui, en principe, ne paraissent pas faire une juste application des principes de la loi du 1er juillet 1916.

en reportant à nouveau au débit du compte Profits et Pertes "*Perte de l'exercice précédent : 30.000 francs*", puis son compte de Profits et Pertes continue à jouer normalement. A la fin de l'année 1916, il en extrait le solde qui traduit le chiffre du bénéfice de l'année, supposons 200.000 francs. C'est ce bénéfice qui est le bénéfice à répartir, le bénéfice sur lequel se calculent les tantièmes et les intérêts de tous les participants aux bénéfices : ce n'est point le bénéfice fiscal. Fiscalement, le bénéfice est de 230.000 francs, car la perte de l'exercice précédent n'est pas déductible des bénéfices de l'année suivante.

Les pertes réalisées pendant un exercice de guerre ne donnent droit qu'à un dégrèvement à fixer après la guerre, sur des bases que nous expliquerons au chapitre "*Calcul de l'impôt, paiement de la contribution, détaxe et omissions*".

PERTES D'AVANT-GUERRE. — NON DÉDUCTION

Les pertes que l'industrie ou le commerce avait subies avant la guerre sont-elles déductibles des premiers bénéfices de guerre? Un amendement présenté au cours des débats a tranché la question; ces pertes ne sont pas déductibles. Le Fisc envisage en effet la situation de chaque période d'imposition et frappe le bénéfice afférent à chacune de ces périodes; il n'a pas à envisager le passé, de même qu'il ne tient compte de l'avenir que dans une mesure extrêmement relative.

FAILLITES ANTÉRIEURES A LA GUERRE ET CONCORDAT. — REMBOURSEMENT DES CRÉANCIERS

Le failli d'avant-guerre qui, pendant les hostilités, a réalisé d'heureuses affaires a le droit de porter au passif le paiement des dividendes concordataires qu'il est obligé de payer à ses créanciers au fur et à mesure des échéances. Ces paiements affectent évidemment les bénéfices sans discussion possible. Mais, en serait-il de même, si le failli tenant à honneur d'obtenir sa réhabilitation et de faire face à ses engagements anciens payait la totalité des créances pour lesquelles il a obtenu une remise concordataire? Ces paiements seraient-ils déductibles du bénéfice?

Prenons un exemple : un commerçant a fait faillite avant la guerre créant un passif de cinq cent mille francs; il a obtenu son concordat moyennant le paiement de 30 % en cinq ans, soit cent cinquante mille francs; il se libère de ces cent cinquante mille francs au fur et à mesure des échéances et a le droit incontestable de faire figurer ces paiements dans les comptes de guerre au fur et à mesure

---

Pertes antérieures à la guerre. — La Commission Supérieure a fait une application très nette du principe ci-dessus.

Considérant qu'il n'est pas contesté que pour ladite période les opérations commerciales du requérant se sont soldées par un déficit; mais qu'il résulte tant des dispositions de la loi du 1er juillet 1916, que des débats auxquels elle a donné lieu devant les deux Chambres, que les déficits d'exploitation antérieurs au 1er août 1914 ne peuvent venir en déduction des bénéfices réalisés pendant une période d'imposition. (Décision du 26 février 1917. — Une décision identique a été rendue le 23 mars 1917.)

des exigibilités. Mais, voulant employer loyalement la fortune nouvelle qui lui est advenue, il paie les 70 % dont remise lui avait été consentie par ses créanciers. Ce paiement diminue d'autant les bénéfices si cette écriture est passée dans les livres. Il est indiscutable que le commerçant qui accomplit cet acte loyal léserait le Fisc s'il déduisait les cent cinquante mille francs dont s'agit de son bénéfice total imposable. Ce paiement très louable n'est donc pas déductible.

VENTE DE L'ENTREPRISE ENVISAGÉE AU COURS DE LA PÉRIODE D'APPLICATION DE LA CONTRIBUTION EXTRAORDINAIRE SUR LES BÉNÉFICES DE GUERRE

La vente de l'entreprise réalisée avec bénéfice ne constitue point un "*produit net*" imposable. Tout au plus, les Commissions pourraient-elles rechercher dans quelle mesure la vente du stock a produit un avantage assimilable à l'exploitation qui en aurait pu être faite et qui eut été sujette à l'impôt. Cette question est d'autant plus délicate que souvent le prix de vente qui figure dans l'acte de session manque complètement de sincérité.

Toutefois, l'Administration parait considérer que la plus-value résultant de la vente d'un fonds de commerce doit être comprise dans le bénéfice imposable (*Journal Officiel* du 28 juillet 1917. — Réponse à la question 1515 adressée par M. Vilar, sénateur.)

L'Administration estime que la détermination de cette plus-value est *essentiellement une question de fait qui doit être résolue suivant les circonstances propres à l'espèce envisagée*. La prudence de cette réponse n'échappera à personne et il semble bien que l'Administration a en vue plutôt l'affirmation d'un droit théorique que son application pratique.

RÉALISATIONS PARTIELLES

Les ventes avec bénéfice de partie du matériel constituent-elles un bénéfice imposable? Cette question s'est posée récemment à propos de la vente des foudres et des tonneaux d'un marchand de vins en gros. Elle peut se poser dans nombre de cas, les prix de réalisation étant particulièrement tentants en ce moment à raison de la hausse formidable qui domine le marché. Nous estimons qu'on peut soutenir qu'il n'y a pas là bénéfice imposable, tout en reconnaissant que les circonstances de fait prennent une importance particulière dans ce débat.

CHAPITRE VII

BÉNÉFICES SUPPLÉMENTAIRES

PRODUIT NET DE LA PÉRIODE DE GUERRE (Fin)

DÉDUCTIONS SUPPLÉMENTAIRES EXCEPTIONNELLES COMPTE GÉNÉRAL DE REDRESSEMENT EN FIN DE GUERRE

INTÉRÊTS DES CAPITAUX ET AMORTISSEMENT DES ENTREPRISES EN PAYS ENVAHI

L'étude du bilan et du compte de profits et pertes est terminée et nous avons examiné toutes les déductions qui s'imposent. Le législateur a, en outre, à la demande de certains parlementaires, introduit dans la loi un article qui permet à tous ceux qui ont réalisé des bénéfices pendant la guerre et qui ont des maisons de commerce ou des usines en pays envahi, de déduire de leurs bénéfices supplémentaires de guerre :

1° L'intérêt à raison de 6 % par an du capital réellement engagé dans leurs entreprises en pays envahi;

2° les amortissements habituels auxquels ils procédaient dans ces usines ou ces maisons de commerce.

Les expressions « capital engagé » doivent être définies comme plus haut, c'est-à-dire la totalité des capitaux engagés par le chef d'entreprise lui-même comme capital social ou en compte courant.

Quant aux amortissements habituels, pas de difficultés. Ce sont ceux qui étaient faits avant la guerre, et, d'après le même taux. Reste à savoir comment le contribuable pourra donner à la Commission les justifications nécessaires pour établir la sincérité de ses déductions. Il ne pourra le faire, en tout cas, que lorsque le territoire aura été reconquis et à la condition qu'il puisse rétablir sa comptabilité ancienne. Pendant toute la durée de la guerre, les Commissions seront obligées de se montrer extrêmement libérales et le compte définitif ne pourra être dressé qu'au moment du règlement général de la contribution de guerre.*

ENTREPRISES EN PAYS ÉTRANGER ENVAHI — NON DÉDUCTION

Les réfugiés belges, qui ont repris en France l'exercice de leur profession ou créé une entreprise nouvelle, ont sollicité l'autorisation d'établir leur bénéfice normal en tenant compte du produit net des entreprises par eux exploitées avant la guerre. Ils ont d'autre part demandé à bénéficier de l'article de la loi permettant la déduction d'un intérêt de 6 % correspondant aux capitaux engagés dans les entreprises situées en pays envahi. L'Administration a fait savoir qu'elle ne pouvait accorder les deux autorisations dont s'agit. Le bénéfice normal ne peut, d'après elle, être établi que par le produit net des entreprises exploitées *en France* par les intéressés et, d'autre part, la déduction de l'intérêt à 6 % des capitaux engagés ne se rapporte qu'aux entreprises situées en pays *français* envahi. Cette solution est extrêmement peu libérale. On comprend qu'elle s'impose à raison de la difficulté de contrôle des déclarations qui fausseraient des exploitations ou des capitaux situés en pays étranger.

Ces cas étant exceptionnels, il semble cependant qu'il serait possible de traiter les réfugiés belges, par exemple, sans faire apparaître la frontière qui théoriquement sépare les deux États. Les Belges ont suffisamment montré quels liens étroits les rattachent à nous pour mériter toute la faveur de l'Administration française.

(*) En sus des intérêts à six pour cent, la Commission de taxation de l'Oise a accordé sur justifications la déduction des salaires payés à un comptable et à un surveillant restés en pays ennemi.

PERTES SUBIES DANS CERTAINES ENTREPRISES DU CONTRIBUABLE

Le législateur a autorisé une dernière déduction, voulant avant tout n'atteindre que le « produit net » réel et établir la taxe sur les bases les plus parfaitement équitables : c'est la **déduction pour pertes subies dans l'une des entreprises de l'ASSUJETTI.** Voici l'hypothèse :

Lorsqu'un patenté dirige plusieurs exploitations qu'elles soient connexes ou différentes, il n'est tenu qu'à une seule déclaration. Si toutes ses exploitations ont donné un supplément de bénéfice, il fait la somme des bénéfices supplémentaires et l'impôt est perçu sur le total. Mais si l'une des exploitations, au lieu de donner un bénéfice, a soldé ses comptes par une perte, les pertes se déduisent des bénéfices réalisés par les autres maisons et diminuent par conséquent le chiffre de l'imposition. La loi, en effet, ne veut percevoir l'impôt que sur le supplément réel des bénéfices réalisés par un patenté. Il serait injuste d'isoler l'une quelconque de ces exploitations et de percevoir un impôt lorsqu'en réalité la perte subie dans une autre exploitation du même patenté a diminué, ou peut-être même absorbé, le bénéfice ainsi envisagé. C'est l'équité même. *

---

* **Pertes au cours d'un exercice en bénéfice du chef d'une entreprise supprimée.** — La Comission Supérieure a été saisie d'un pourvoi dans les conditions de fait suivantes :

Un clerc de notaire exerçait en même temps que les fonctions de clerc de notaire le commerce de chaussures. Dans cette dernière profession, il a réalisé des bénéfices supplémentaires pendant la guerre, mais, comme il fut mobilisé il perdit ses émoluments de clerc de notaire. Il soutint qu'il y avait lieu de déduire de son bénéfice supplémentaire la somme de 4.000 francs, représentant la perte qu'il avait subie du fait de la mobilisation. La Commission supérieure a rejeté ses prétentions pour les motifs suivants :

Considérant que la contribution extraordinaire établie par la loi du 1er juillet 1916 frappe non l'augmentation du revenu dans son ensemble, mais l'augmentation des bénéfices réalisés par les sociétés ou personnes passibles de la patente;

Considérant que la profession non patentée de clerc de notaire, qui ne rentre pas dans le champ d'application de la loi pour la taxation en cas de bénéfices, ne saurait y être comprise pour les déductions en cas de pertes;

Qu'en conséquence, en refusant de tenir compte de la perte que son interruption a pu causer au requérant, la Commission du premier degré a fait une exacte application de l'article 2, § 4, de la loi du 1er juillet 1916. (Décision du 12 février 1917.)

COMPTE GÉNÉRAL DE REDRESSEMENTS EN FIN DE GUERRE

Le législateur pose le principe suivant, article 15, § 3 :

Lorsque les sommes mises en réserve pour les amortissements de bâtiments, de matériel, d'outillage ou de créances irrécouvrables, seront reconnues exagérées par la Commission, l'excédent sera considéré comme bénéfice supplémentaire réalisé pendant la dernière année d'imposition.

Par contre, lorsque sur réclamation du contribuable jointe à sa déclaration pour la dernière année d'imposition, les dites sommes seront reconnues insuffisantes par la Commission, la différence sera imputable du dernier exercice imposable.

Il en résulte donc que tous les amortissements et *a fortiori* toutes les réserves sont essentiellement provisoires et cela est fort juste. Il est impossible, dans l'état de guerre, de faire des prévisions que les événements ne modifient pas et ne démentent pas. Le plus sage est donc d'admettre certaines prévisions sauf à les reviser lors de la cessation des hostilités. De même que nous estimons qu'amortissements et réserves doivent être dans l'intérêt des contribuables acceptés par les Commissions dans un esprit extrêmement libéral, de même nous estimons que le compte de redressements devra être fait d'une manière extrêmement sévère. Le produit de l'impôt dépend exclusivement de la manière dont sera dressé le compte de revision. Il faut, pendant la guerre, laisser aux contribuables qui collaborent à l'œuvre de la Défense nationale le maximum de jeu possible pour développer et intensifier leur production : la vie économique du pays, comme sa sécurité, en dépendent. Autre chose est démasquer la fraude, ce qui est une partie du rôle strict des Commissions, autre chose est se montrer libéral envers les industriels loyaux et honnêtes, qui ne cachent rien et qui ne dissimulent pas volontairement des bénéfices définitivement acquis sous la forme d'amortissements et de réserves abusives ou hasardeuses. Mais, lorsque la guerre sera finie, les comptes devront être établis d'une manière scrupuleuse et avec sincérité. C'est alors seulement qu'il sera possible de juger de l'utilité des amortissements acceptés et des réserves créées. Les conditions suspensives qui ont motivé la création de réserves se seront ou non accomplies, la vie économique aura alors repris dans des conditions dont nous ne pouvons préjuger. Mais en tous cas, il sera possible alors de mieux concevoir l'utilisation pratique ou la valeur réelle de tel ou tel bâtiment, de telle ou telle usine, de telle ou telle installation. Si les Commissions sont composées ou assistées d'hommes compétents, la contribution extraordinaire sur les bénéfices de guerre produira le résultat financier attendu. Si au contraire, le compte de revision est dressé par des Commissions insuffisamment compétentes, quelque honnêtes et quelque zélés qu'en soient les membres, il y a de grandes chances pour que des déceptions surviennent. Nous ne saurions donc trop attirer l'attention des contribuables et des Commissions sur le jeu de ce compte de redressements, de cette revision d'après-guerre. On ne doit pas le perdre de vue dans ces appréciations actuelles : tout doit être préparé en vue de faciliter cette revision.

REDRESSEMENTS EN FAVEUR DU CONTRIBUABLE

D'ailleurs, la loi n'a pas prévu que le compte de redressements aurait lieu uniquement en faveur de l'État. Tout contribuable qui aura sous-estimé ses risques de guerre, ses amortissements, ses réserves, n'aura qu'à joindre à sa déclaration pour la dernière année d'imposition la preuve de cette insuffisance pour obtenir une déduction, qui ne pourra d'ailleurs dépasser le montant des bénéfices imposés pendant la dernière année.

Voici par exemple un contribuable qui, de bonne foi, a estimé que son matériel ne subirait qu'une dépréciation de 50 % pendant la durée de la guerre et a pensé que la guerre durerait quatre ans. Il a donc frappé son matériel d'un amortissement annuel de 12,50 % sur un chiffre d'acquisition qui, par hypothèse, sera de 600.000 francs. Les hostilités cessent. Par suite de l'usure incontestable de son matériel, on se rend compte que la valeur est réduite de 75 %. Le contribuable a donc fait un amortissement insuffisant de 25 %, soit de 150.000 francs. Si pendant la dernière période d'imposition il a réalisé 180.000 francs de bénéfices, il pourra déduire de ce chiffre les 150.000 francs de non amortissement et ne paiera que sur 30.000 francs. Mais si, par contre, il n'a réalisé que 100.000 francs de bénéfices pour ce dernier exercice, il ne pourra imputer que partie de l'amortissement non effectué et sera en réalité constitué en perte définitive de 50.000 francs par suite de son imprévoyance et de l'insuffisance de ses amortissements, mais il pourra demander l'imputation de cette perte sur la fraction d'impôt mise en réserve comme nous l'expliquerons au § *Détaxes-Pertes.*

TAXATION FIXÉE D'OFFICE. — REDRESSEMENTS

Ces comptes de redressements ne profitent qu'aux contribuables qui ont souscrit des déclarations et ne profiteront en aucune manière à ceux qui auront été taxés d'office. La loi ne prévoit pas le sort réservé aux contribuables qui auraient pour certains exercices souscrit une déclaration et qui, pour d'autres, au contraire, seraient taxés d'office. Il est certain que, dans cette hypothèse, le Fisc demandera le redressement des comptes s'il estime que ce redressement doit lui bénéficier. Il serait donc juste de faire aux contribuables une faveur analogue.

Établissement du compte des bénéfices supplémentaires imposés

SOLDE net des Bénéfices d'après le compte de Profits et Pertes avant prélèvement des **réserves et répartition des bénéfices**.		
A ajouter s'il y a lieu :		
Les intérêts du capital.		
Les appointements et prélèvements des patrons, associés ou administrateurs.		
Les amortissements non admis :		
ou l'excédent des amortissements portés au débit de profits et pertes, si ces amortissements ne sont pas acceptés en totalité pour l'exercice		
A déduire :		
a) La participation des employés et ouvriers		
La réserve légale dans les sociétés anonymes.		
Les amortissements exceptionnels prévus par la loi pour *usure anormale*.		
— — — — *installations spéciales à la guerre*. . .		
— — — — *surprimes sur travaux ou acquisitions du temps de guerre*.		
6 % des capitaux engagés en pays envahi.		
Les amortissements d'usage pour les installations en pays envahi		
Les pertes subies dans d'autres entreprises.		
A déduire pour mise en surveillance :		
Les provisions pour valeurs et capitaux en pays envahi ou ennemi.		
— — *créances moratoriées*.		
— — — *douteuses*		
— — — *sur sujets ennemis*.		
— — — *procès en cours*.		
— — — *fluctuations des valeurs mobilières et du stock*.		
Reste Bénéfice à retenir		
Bénéfice normal.		
Bénéfice supplémentaire. . . .		

CHAPITRE VIII

DÉCLARATION RELATIVE AUX BÉNÉFICES EXCEPTIONNELS

§ I. — FOURNISSEURS DE GUERRE NON PATENTÉS. — PRINCIPES

Sont imposés sur leurs bénéfices exceptionnels tous ceux qui ont accidentellement accompli un acte de commerce, soit comme fournisseur direct ou indirect, soit comme bailleur de fonds ou comme intermédiaire.

En ce qui concerne les fournisseurs directs ou indirects, leur déclaration doit être souscrite dans les trois premiers mois de l'année pour chaque exercice imposé, c'est-à-dire entre le 1er janvier et le 31 mars pour les bénéfices réalisés pendant l'année antérieure.

La déclaration indique à quel titre le bénéfice a été réalisé. Elle doit être précise, nette et aussi détaillée que possible. Les indications à fournir sont, dans le cadre de la formule officielle, celles de page 4 de la déclaration.

Des annexes peuvent naturellement être jointes à cette déclaration. Nous conseillons notamment d'indiquer la liste totale des marchés souscrits par le contribuable en distinguant ceux qui ont été réglés au cours de la période imposable, ceux au contraire qui sont encore actuellement en cours, la nature de la marchandise soumissionnée, les quantités fournies, le prix à l'unité.

RECETTES

Dans les recettes de son compte, le contribuable fait entrer toutes les sommes qui lui ont été payées par l'État ou par les Administrations publiques.

DÉPENSES

Bien que ces contribuables n'aient pas, en règle générale, de comptabilité, puisqu'ils sont des commerçants ou des industriels d'occasion, ils doivent retrouver dans leur documentation les indications suivantes et pouvoir les justifier :

Frais d'acquisition de marchandises fournies. — L'ensemble des factures qu'ils ont payées à des tiers forme leur prix de revient.

Frais généraux. — A ce prix de revient doit s'ajouter le loyer du bureau ou des magasins qu'ils ont loués pour l'exécution du marché, le prorata du loyer du bureau ou des magasins, s'il s'agit d'un fournisseur qui s'est servi de ses propres magasins ou de ses propres bureaux pour exécuter le marché de guerre qui l'assujettit à la contribution sur les bénéfices exceptionnels;

Les frais de personnel de toute espèce, à l'exception bien entendu des indemnités mensuelles que le contribuable aurait pu prélever à titre d'appointements, car ces appointements constituent une partie de ses bénéfices et sont soumis à l'impôt;

Les frais de transport, d'emballage, d'assurance et de conservation de la marchandise;

Les frais de camionnage, les frais de livraison, les frais de réception; toutes les dépenses accessoires, telles que cadeaux, pourboires et gratifications payées à divers; les frais de déplacement, car il est évident qu'en règle générale il est impossible de faire une affaire sans être obligé à des déplacements qui constituent des dépenses,que ces déplacements soient faits dans la villemê me ou qu'ils soient faits de ville à ville, le bénéfice net doit être diminué du montant de ces déplacements.

Frais de déplacement. — En règle générale, ce fournisseur n'aura pas le détail absolument précis de ses frais de voiture, de chemin de fer, d'hôtel ou de ce qu'on appelle les frais de représentation. Une évaluation approximative en peut être faite. Les Commissions apprécieront si elle correspond à l'importance de l'entreprise et à la réalité des choses. Il est certain qu'on ne peut pas demander à celui qui fait un voyage d'apporter un reçu de la somme payée à la Compagnie des chemins de fer, des voitures, ou même d'apporter ses propres notes d'hôtel et de restaurant, mais quiconque a l'habitude des affaires apprécie rapidement si telle ou telle somme portée en dépenses correspond ou non à la réalité probable des faits.

Courtages et commissions. — Il en est de même en ce qui concerne les commissions et les courtages. Ce genre spécial d'affaires de guerre a été en général réalisé moyennant le paiement d'une série de commissions et de sous-commissions ou moyennant des participations aux bénéfices concédées à divers intermédiaires. Le contribuable n'a qu'à les énumérer sincèrement, si tant est qu'il ne s[oi]t pas gêné certains moments pour fournir le nom de tel ou tel bénéficiaire.

Sur ce point, sa conscience et son tact lui dicteront la règle de sa conduite. Il est certain qu'il doit s'attendre, s'il se refuse à faire connaître le nom du bénéficiaire d'une Commission, à ce que l'Administration refuse de son côté de passer cette commission en dépenses.

Quant aux intérêts des capitaux engagés par cet industriel, ils ne sont pas déductibles pour la raison que nous avons fait valoir au chapitre des *Bénéfices supplémentaires*.

MARCHÉS EN COURS

En ce qui concerne les marchés en cours au moment où prend fin l'exercice fiscal, l'assujetti aura le droit de réserver sa déclaration des bénéfices relatifs aux marchés non encore terminés, jusqu'au moment où l'exécution du marché sera parachevée.

MARCHÉS SOUS-TRAITÉS

En ce qui concerne les marchés qu'il a sous-traités, le fournisseur de guerre fera aisément ressortir quelles sont ses dépenses et quelles sont ses recettes.

Ses recettes sont le montant des mandats qu'il a touchés; ses dépenses sont la totalité des sommes qu'il a payées au sous-traitant, plus un prorata de frais généraux et les commissions diverses qu'il a dû décaisser pour obtenir le marché ou pour en assurer l'exécution.

Toutes ces déclarations des fournisseurs des sous-traitants et des courtiers seront contrôlées les unes par les autres par voie de rapprochement et la vérité se fera certainement jour.

DÉDUCTIONS POUR PERTES

Un tailleur a perdu trente-deux mille francs dans l'exercice de son commerce en 1914 et 1915, mais il avait obtenu un marché de chemises et a réalisé sur ce marché passé avec l'Intendance un bénéfice de soixante-dix mille francs. La Commission de taxation du Vaucluse a refusé de déduire la perte de trente-deux mille francs du bénéfice de soixante-dix mille francs. Cette solution paraît inexacte. Ceux qui sont imposés sur leurs bénéfices exceptionnels ont droit aux déductions pour pertes subies dans une exploitation, absolument comme ceux qui sont imposés sur les bénéfices supplémentaires. Il n'y a que les courtiers et intermédiaires qui n'ont droit à aucune déduction.

§ II. — DÉCLARATION DES INTERMÉDIAIRES ET COURTIERS, PATENTÉS OU NON. — DÉCLARATION DES CAPITALISTES, BAILLEURS DE FONDS

COURTIERS

Sont assujetties, comme nous l'avons vu, à l'impôt sur les bénéfices de guerre, les personnes, patentées ou non, qui ont prêté leur concours pécuniaire ou leur entremise, moyennant rémunération, redevance ou commission pour la conclusion d'un marché avec l'État ou une Administration publique.

Cet impôt est un impôt sur les bénéfices exceptionnels et par conséquent, c'est la totalité de la commission touchée qui doit être déclarée par le contribuable et qui est frappée de la taxe. La loi spécifie que sont comprises dans cette catégorie toutes les personnes qui ont joué un rôle, qu'elles soient ou non patentées. Par conséquent, ceux qui étaient patentés avant la guerre et qui ont touché un courtage doivent en faire la déclaration spéciale, en outre de leur déclaration des bénéfices supplémentaires qu'elles ont pu réaliser. Il y a là, en effet, deux opérations essentiellement distinctes. Tel commerçant, ou tel industriel a pu normalement, pendant la guerre, faire des bénéfices supplémentaires dans les conditions que nous avons examinées, et d'autre part toucher d'un tiers une commission quelconque pour avoir prêté son concours pécuniaire ou son entremise à la conclusion d'un marché avec l'État.

Cette catégorie de contribuables sera certainement l'une des plus difficiles à atteindre et beaucoup d'intermédiaires croiront peut-être pouvoir profiter de cette circonstance pour ne pas prendre l'initiative d'une déclaration. A notre avis, non seulement ils manqueront à l'obligation morale qui incombe à tous les citoyens loyaux, mais ils commettront une erreur grave dans leur intérêt. Il est indiscutable, en effet, que, pour diminuer leurs bénéfices de guerre et partant leur imposition, tous ceux qui ont donné des commissions, à quelque titre que ce soit et dans quelque circonstance que ce soit, auront la tentation bien naturelle de la porter dans le décompte de leurs frais. Or, l'Administration du Fisc, qui vérifiera les dépenses — qui a le droit et le pouvoir de les scruter — ne manquera certainement pas de demander les explications et justifications nécessaires. Il connaîtra donc une grande partie des intermédiaires.

CAPITALISTES

Cette rubrique vise les personnes non patentées ou qui n'étant pas patentées comme banquiers, ont prêté des capitaux pour la conclusion d'un marché avec l'État ou avec les administrations publiques. Elle pose une question extrêmement délicate, celle de déterminer à partir de quel taux d'intérêt ces capitalistes ont réalisé un bénéfice que l'on peut qualifier d'exceptionnel. Celui qui, par exemple, a prêté 20.000 francs au bénéficiaire d'un marché pour assurer la conclusion et la réalisation de ce marché et qui a été rémunéré en recevant un intérêt de 5, 6, 7 ou 8 pour cent, a-t-il fait un bénéfice exceptionnel? A notre avis certainement pas. Pendant la guerre, l'argent a, suivant l'expression consacrée, coûté fort cher. Le capitaliste a dû demander une rémunération d'autant plus élevée, que la Banque de France avait elle-même restreint l'étendue de ses prêts et avances, et élevé le taux de l'intérêt. Il ne serait pas juste de dire que ceux qui ont prêté de l'argent à 7 ou 8 pour cent ont réalisé des bénéfices exceptionnels. Ils ont prêté leur argent à un taux qui, pour élevé qu'il soit, était le taux normal à l'époque.

Mais si à ce taux a été ajouté un tantième dans les bénéfices réalisés sur l'affaire, le tantième sur les bénéfices est incontestablement un bénéfice exceptionnel, en ce qui concerne le capitaliste et partant doit être frappé de la taxe de guerre.

Reste à savoir si ce prêt avec participation dans les bénéfices constitue en ce qui concerne l'emprunteur une charge qui vient aux frais généraux ou un des éléments du bénéfice imposable. La solution de cette question dépend de la nature même du contrat. S'il y a prêt pur et simple, il y a lieu à déduction. S'il y a participation, il y a association et en conséquence, il n'y a pas déduction. C'est une question de droit pure.

Si, au lieu de stipuler à son profit un intérêt et un tantième de bénéfices, ce capitaliste a exigé une rémunération de 15 %, par exemple, il a encore été le participant de l'affaire pour ce qui excède le taux de l'intérêt que demandait à cette date la Banque de France et c'est dans ce sens qu'il devra faire sa déclaration. Lui aussi sera vite connu tant par la déclaration que par l'examen des livres de cet emprunteur.

CHAPITRE IX

CONTROLE DE LA DÉCLARATION

LA COMMISSION DÉPARTEMENTALE DU PREMIER DEGRÉ

L'article sept de la loi stipule que les déclarations sont soumises à l'examen de Commissions siégeant au chef-lieu de chaque département et comprenant :

Le Trésorier Payeur Général,
Le Directeur des Contributions directes,
Le Directeur des Contributions indirectes,
Le Directeur de l'Enregistrement, des Domaines et du Timbre,
Plus, dans le ressort de chaque Direction des douanes :
le Directeur des Douanes ou un agent supérieur par lui délégué.

SA NATURE

Cette Commission n'est point un Tribunal. Elle est une Commission de taxation, de vérification et de contrôle. Le Ministre des Finances n'a pas voulu que l'établissement des rôles d'une imposition aussi lourde — et d'un caractère si particulier que la contribution sur les bénéfices de guerre — soit effectué par un seul Contrôleur, comme pour tous les autres impôts. Il a fallu augmenter l'autorité de ce contrôleur, mettre sa décision à l'abri de tout soupçon et accroître, pour ainsi dire les garanties, qui d'ailleurs n'ont jamais fait défaut aux contribuables français.

Le Ministre a fait valoir que l'Administration des contributions directes est actuellement surchargée de travail à raison de l'application de l'impôt général sur le revenu, et que de plus nombre de ses contrôleurs sont mobilisés. Puis il a ajouté que si les agents des Contributions directes ont la connaissance approfondie des règles de l'impôt, ils n'ont point une compétence universelle et seront très heureux d'avoir auprès d'eux des agents supérieurs de l'Administration, plus spécialement versés dans les matières comptables, comme c'est le cas notamment des Directeurs d'Enregistrement, pour les aider à asseoir la taxe. Ce sont les quatre grands organismes financiers et fiscaux du département qui ont, en somme, la charge d'établir la taxe et de vérifier les déclarations.

LE TRÉSORIER PAYEUR GÉNÉRAL

Le Trésorier payeur général est l'agent supérieur de la perception des impôts, celui entre les mains duquel sont centralisés les fonds recueillis par les Percepteurs, l'agent de liaison pour le recouvrement de l'impôt entre le département et le Trésor public à Paris. Sa compétence en matière d'impôts est donc indiscutable.

LE DIRECTEUR DES CONTRIBUTIONS DIRECTES ET DU CADASTRE

Le Directeur des Contributions directes et du cadastre est l'agent supérieur de l'organisme de confection de tous les rôles des impositions directes. Il est le chef, dans le département, du service chargé d'établir l'assiette, c'est-à-dire la matière imposable sur laquelle porte l'impôt direct et de participer à la répartition de cet impôt. Il est l'agent de liaison entre la Direction générale des Contributions directes au Ministère des Finances et les inspecteurs, contrôleurs et surnuméraires travaillant dans chaque département. Il centralise les travaux de ses collaborateurs, surveille l'établissement des rôles et donne un avis, généralement déterminant, dans l'instruction des réclamations des contribuables, que ces réclamations soient adressées amiablement aux contrôleurs ou qu'elles soient, au contraire, portées devant le Conseil de Préfecture qui siège au chef-lieu de département. Ce Directeur a entre les mains les rôles de la contribution foncière, les rôles de la contribution personnelle et mobilière, les rôles de la contribution des portes et fenêtres, les rôles des patentes et celui de l'impôt général sur le revenu. Il connaît donc tous les patentés du département et il est plus à même que qui que ce soit d'apprécier quels sont ceux qui, patentés ou non, ont fait des opérations fructueuses pendant la période de guerre et doivent par conséquent vraisemblablement être assujettis au paiement de l'impôt.

DIRECTEUR DES CONTRIBUTIONS INDIRECTES

Le Directeur des Contributions indirectes a, dans le département, une situation analogue à celle du Directeur des Contributions directes, mais son rôle porte exclusivement sur les impôts indirects, c'est-à-dire sur ceux qui sont perçus à l'occasion de la réalisation de certains actes ou de certaines consommations et non pas par voie de rôle nominatif et individuel, comme les contributions directes. Il est l'agent de liaison entre les sous-directeurs, les inspecteurs, les contrôleurs, les receveurs principaux et les receveurs particuliers sédentaires, les receveurs ambulants, les receveurs buralistes, les commis principaux, les commis et préposés et les surnuméraires de chaque département, et d'autre part, l'Administration centrale des contributions indirectes, qui forme l'une des grandes directions générales relevant du Ministère des Finances. A la Commission, il apportera tous les documents relatifs aux mouvements qu'il aura pu constater sur les boissons, les sucres, les sels, les huiles, les taxes d'octroi, etc., etc.

DIRECTEUR DE L'ENREGISTREMENT

Le Directeur de l'Enregistrement, des Domaines et du Timbre, connait par l'enregistrement qui en a été fait tous les marchés passés avec l'État ou avec les Administrations publiques, toutes les Sociétés, participations, actes d'achat ou de vente, souscrits par ceux qui ont pu faire des bénéfices de guerre. Ses agents ont le droit d'investigation et de recherche chez tous les officiers ministériels et les fonctionnaires chargés des archives et des dépôts de titres publics, ainsi que dans les Sociétés, les Compagnies d'assurances, les entreprises de transports, etc., etc.

Habitué à contrôler les bilans des Sociétés anonymes, le Directeur de l'Enregistrement, des Domaines et du Timbre avait sa place toute indiquée dans la Commission et sera un aide précieux au point de vue comptabilité et vérification.

DIRECTEUR DES DOUANES

Dans le ressort de chaque direction des douanes, le Directeur ou un agent supérieur par lui délégué fait également partie de la Commission. L'Administration des Douanes forme une direction générale au Ministère des Finances analogue à la Direction générale des Contributions directes et à la Direction générale des Contributions indirectes, et dans chaque département frontière de terre ou de mer réside un directeur qui assure le service départemental, composé de tous les fonctionnaires chargés des opérations de vérification et de perception des droits ou de la surveillance des fraudes et de la contrebande. Il est l'agent de liaison entre tous ces fonctionnaires et l'Administration centrale représentée par le Directeur général. Par le service des statistiques des importations, il connait les destinataires de toutes les marchandises achetées à l'étranger, les quantités des marchandises importées et leur valeur réelle. Il possède donc une documentation absolument indispensable à la Commission pour assurer le contrôle des déclarations ou établir les taxations d'office.

FONCTIONNEMENT DE LA COMMISSION

La Commission est présidée par le Chef de service le plus ancien en grade et un agent des Contributions directes désigné par le Directeur remplit les fonctions de secrétaire avec voix délibérative.

La Commission règle elle-même les jours et heures de ses séances et elle est convoquée par son Président.

Les décisions sont prises à la majorité des voix. La voix du président est prépondérante. La présence de quatre membres au moins est nécessaire pour la validité des décisions.

COMMISSIONS SUPPLÉMENTAIRES

Plusieurs Commisions peuvent, s'il est nécessaire, être constituées dans un même département en vertu d'un arrêté du Ministre des Finances, qui fixera le siège et la circonscription de chacune d'elles [1]. Dans ce cas, le Trésorier payeur général, le Directeur des Contributions directes, — le Directeur des Contributions indirectes, — le Directeur de l'Enregistrement, — et pour les départements frontières de terre et de mer, le Directeur des Douanes, désigneront chacun respectivement un agent supérieur de leur administration qui fera partie de la Commission ou des Commissions où ils ne pourront pas siéger personnellement.

Chacune de ces Commissions supplémentaires sera présidée par le fonctionnaire le plus élevé en grade ou le plus ancien en grade.

---

[1] Un premier arrêté a été publié dans le *Journal Officiel* du 25 août 1916.

Redressement des comptes par la Commission du premier degré. — Le droit de contrôle des commissions comporte naturellement le droit de modifier la base de l'impôt, lorsque le contribuable ne présente pas de document comptable permettant de calculer le bénéfice avec certitude ou de redresser les données de comptabilité. Certaines commissions ont évalué le bénéfice d'après les éléments d'information recueillies par elle.

La Commission Supérieure saisie d'un recours introduit par un contribuable qui n'avait pas tenu la comptabilité régulière antérieurement au mois d'août 1916, à raison, disait-il, du peu d'importance de son exploitation, prétendait que le pourcentage des bénéfices nets de 12 % était de beaucoup supérieur à la réalité et demandait la fixation à 340 fr. 95 du chiffre de ses bénéfices supplémentaires évalués à 17.000 francs par la Commission du premier degré.

La Commission supérieure a rendu la décision suivante.

Considérant qu'aux termes de l'article 8 de ladite loi, il appartient à la Commission du premier degré d'examiner les déclarations et de se faire communiquer tous les documents nécessaires pour fixer les bases d'imposition ;

Considérant que le sieur X... n'a pu justifier les affirmations contenues dans sa déclaration par la production d'aucune comptabilité antérieure à l'année 1916 ni **d'aucune pièce de nature à établir ses recettes et ses dépenses commerciales ;**

Considérant que la Commission du premier degré était dès lors fondée à fixer elle-même les bases **de la contribution d'après les éléments d'information recueillis par elle ;**

Considérant que le requérant lui-même, dans son recours, donne sur **l'importance de son chiffre d'affaires, avant et depuis la guerre, des précisions qui permettent de fixer à 140,057 francs** *l'excédent des bénéfices bruts de la période d'imposition par rapport au bénéfice brut moyen de la période antérieure et que le chiffre de 17,000 francs arrêté par la Commission du premier degré comme constituant le bénéfice supplémentaire devant servir de base d'imposition ne représente qu'un pourcentage de 12 p. 100 sur le bénéfice brut de 140.057 francs reconnu par le requérant ; qu'il suit de là que ladite commission a fait une appréciation modérée de ce bénéfice supplémentaire.* (Décision du 26 février 1917).

La Commission Supérieure a également confirmé une décision de la Commission du premier degré qui calculait le bénéfice normal à raison de 10 % du montant des marchés passés par un maître tailleur militaire.

CONTROLE DES DÉCLARATIONS

La Commission, dit la loi, examine les déclarations. Elle peut entendre les intéressés et si elle n'accepte pas les déclarations, elle est obligée d'inviter par lettre recommandée les contribuables à se faire entendre, dans le délai d'un mois, sur les points contestés qui doivent être indiqués dans la lettre de convocation.

POUVOIRS DE CONTROLE DE LA COMMISSION

La loi donne à la Commission le droit de se faire communiquer par les intéressés et par les Administrations de l'État, des départements et des communes, tous les documents nécessaires pour établir les bases d'imposition. Il était difficile de trouver une formule plus générale qui donnât à la Commission des pouvoirs plus étendus et un droit de contrôle plus complet que celui qui résulte de la formule ci-dessus.

La Commission a le droit de se faire communiquer tous les documents qui lui paraissent nécessaires pour établir la base de l'imposition. Aucune énumération, aucune limitation. La loi a voulu que la déclaration obligatoire pour tous les contribuables fut l'objet d'un contrôle réel et approfondi et que nul n'échappât au paiement de la taxe qu'il doit réellement payer.

La Commission est donc armée du droit de contrôle le plus étendu et il est indispensable que les contribuables se rendent bien compte de ce pouvoir dans leur propre intérêt. * Nous n'avons cessé de les engager à faire des déclarations sincères. Ce droit de contrôle étendu, donné à la Commission, est de tous les arguments le meilleur en faveur de ce conseil.

CONTROLE SUR PLACE

En outre de ces communications et pour les compléter, la Commission peut faire procéder, par l'un ou l'autre des services financiers, à des vérifications sur place, en présence des intéressés ou ceux-ci dûment appelés. C'est là l'innovation

---

* Certaines Commissions ont rencontré ou soulevé des difficultés à propos de la communication des livres. Elles ont exigé par exemple que tous les livres des succursales fussent remis au siège principal pour y être examinés par le contrôleur chargé de vérifier l'ensemble de la déclaration. Il semble bien que cette prétention soit fondée et qu'on ne puisse pas exiger que la vérification soit faite par autant de vérificateurs qu'il y a de succursales, alors qu'il n'existe qu'une seule déclaration. Bien entendu, l'Administration doit de son côté apporter toutes espèces de facilités et la plus grande rapidité possible dans son contrôle, de manière à ne pas gêner le contribuable.

D'autre part, on s'est demandé pendant combien de temps le contrôleur avait le droit d'immobiliser dans une entreprise quelconque les livres qu'il vérifie. Aucune régle ne peut être posée à ce sujet. C'est une question de tact de la part des contrôleurs, mais leur mandat est aussi large que possible et partant leur vérification ne doit point être limitée. Tout ce que les contribuables peuvent souhaiter, c'est qu'on délègue chez eux des fonctionnaires qui soient au courant de la comptabilité commerciale et qui puissent exercer leur contrôle utilement et rapidement.

la plus considérable de la loi, ce que certains ont appelé l'inquisition, mais si inquisition il y a, il faut reconnaître que cette inquisition est légitime et bien fondée. L'impôt sur les bénéfices de guerre est un impôt dont personne n'a même discuté le principe, tant ce principe est équitable. Il ne suffit pas que le principe en soit accepté par tous, il faut que la lo soit respectée et que la taxe due soit payée. C'est pour ce motif d'ordre moral supérieur que les Chambres ont accepté le principe de la déclaration obligatoire et que, conséquence fatale, elles ont donné aux commissions de contrôle et de taxation les pouvoirs les plus complets. Obliger les contribuables à faire une déclaration et ne pas donner à l'Administration le droit de la contrôler de toutes les manières possibles, ne serait qu'un leurre : le législateur de 1916 n'a pas hésité à armer la Commission des pouvoirs suffisants. [1]

REFUS DU CONTRIBUABLE

Les contribuables peuvent-ils se refuser à faire à la Commission les communications qu'elle demande ou à laisser procéder à des vérifications sur place ? Il est incontestable que la loi n'ayant pas établi de sanction pénale pour assurer le droit qu'elle conférait ainsi à ses commissaires, le contribuable peut ne leur faire aucune communication ou rendre momentanément illusoire ce droit de contrôle sur place. La Commission mettra en demeure le contribuable d'avoir à fournir tels et tels documents : le contribuable ne les fournira pas. Aucune sanction pénale n'est attachée à ce refus. La Commission déléguera l'un de ses agents pour aller sur place contrôler les livres et les documents commerciaux et comptables du contribuable. Celui-ci manquera au rendez-vous. L'agent pourra-t-il violer le domicile privé, entrer de force et en admettant même qu'il puisse entrer sans commettre une violation de domicile, pourra-t-il se livrer à une véritable perquisition pour retrouver là où ils seront, les documents dont il a besoin ? Le Fisc n'ira pas jusque-là et la Commission se contentera de prendre acte de ce que le contribuable a refusé la communication de tels ou tels documents ou de ce qu'il a refusé de laisser procéder à une vérification sur place. La seule sanction pour la Commission — et elle sera suffisante — sera de rejeter la déclaration faite par ce contribuable et de fixer son imposition au chiffre qui lui semblera juste et normal ou d'établir une taxation d'office, d'après les données qu'elle aura pu se procurer, sans tenir compte de la protestation du contribuable. Si celui-ci proteste, force lui sera bien de montrer alors la documentation qu'il tentait de dissimuler. Sinon la Commission supérieure ratifiera purement et simplement la décision attaquée.

---

[1] **Insuffisance de déclaration. — Pénalités.** — Les commissions du premier degré ont fait l'application de cette pénalité de 50 % d'augmentation de l'impôt sur la partie non déclarée des bénéfices. Différents recours ont été introduits devant la Commission supérieure qui les a tous rejetés.

Considérant qu'à raison de l'écart existant entre le chiffre de bénéfice de 22,004 francs déclaré par le sieur X... et le chiffre non contesté par lui de 211,286 francs auquel il a été imposé par la Commission du premier degré, ledit sieur X... ne saurait être regardé comme ayant commis, dans sa déclaration, en date du 30 octobre 1916, une erreur de bonne foi ; que, dès lors, c'est à juste titre que la contribution correspondant à la fraction du bénéfice supplémentaire non déclarée a été majorée de moitié conformément au § 1 de l'article 13 de la loi du 1er juillet 1916.

(Décision du 4 avril 1917).

LA COMMISSION N'ACCEPTE PAS LA DÉCLARATION DU CONTRIBUABLE. — PROCÉDURE

Si, après contrôle et examen, la Commission n'accepte pas la déclaration du contribuable, celui-ci est invité, comme nous l'avons dit plus haut, à se faire entendre dans le délai d'un mois. L'invitation lui est adressée par lettre recommandée, qui détaille les points contestés. Pendant ce mois, le contribuable peut faire parvenir à la Commission, également par lettre recommandée, son acceptation ou ses observations. S'il accepte les modifications que propose la Commission, pas de difficulté : la Commission fixe les bases de l'imposition. Si, au contraire, il conteste telle ou telle partie des bases que propose la Commission, cette Commission statue sur le vu des observations produites par le contribuable, les accepte totalement ou partiellement ou refuse d'en tenir compte et, sans avoir l'obligation d'entendre à nouveau le contribuable, a le droit de fixer les bases de la contribution.

Rappelons-nous en effet que cette Commission est une Commission de taxation et de contrôle et non pas une Commission analogue à un Tribunal devant lequel le défendeur a toujours le droit de demander à être entendu tant que les débats ne sont pas clos. La Commission est saisie d'une déclaration : elle procède comme bon lui semble à ses opérations de contrôle : elle avise le contribuable des observations qu'elle croit devoir faire à l'encontre de la déclaration; celui-ci répond ou ne répond pas aux objections soulevées par la Commission ; le débat est terminé : la Commission statue.

NOTIFICATION. — APPEL OU ACCEPTATION DU CONTRIBUABLE

Quand la Commission a fixé les bases de l'imposition, la décision motivée est notifiée à l'intéressé. Alors court un nouveau délai d'un mois à dater du jour où la notification a touché l'intéressé, délai pendant lequel le contribuable a le droit d'avertir l'Administration qu'il maintient sa déclaration, ce qui a pour conséquence de saisir *de plano* la Commission supérieure du conflit qui s'élève entre le contribuable et l'Administration. [1]

[1] **Réserves faites sans appel. — Inefficacité.** — Un contribuable qui ne voulait point faire appel de la décision de la Commission du premier degré et qui cependant tenait à bénéficier des modifications futures de la jurisprudence a demandé que, dans l'avenir, il lui soit réservé par la Commission de taxation le bénéfice des solutions adoptées pour des cas similaires par la Commission supérieure. Cette réserve est compréhensible : elle est malheureusement absolument inopérante. La déclaration est un tout qui demeure absolument isolé des déclarations des autres contributions. Les Commissions statuent espèce par espèce, sans qu'il y ait aucune répercussion de l'une à l'autre. Les contribuables qui désirent obtenir le bénéfice des modifications éventuelles de la jurisprudence, si elles sont plus libérales que les solutions actuelles, sont donc obligés d'introduire un recours contre les décisions de la Commission du premier degré qui les concernent. Tout autre mode de procéder est inefficace et inopérant.

Cette simple déclaration du contribuable est analogue à un acte d'appel. Elle en a l'effet dévolutif en ce sens qu'elle saisit immédiatement la Commission du deuxième degré.

Des indications qui précèdent, il résulte donc, d'une part que la décision de la Commission du premier degré doit être motivée, et d'autre part, que l'appel du contribuable n'aurait théoriquement pas besoin d'être motivé, mais il est préférable en fait, dans l'intérêt du contribuable, que cette requête d'appel soit motivée.

La décision est notifiée au contribuable par lettre recommandée à l'adresse par lui donnée dans sa déclaration. Si donc, le contribuable a changé d'adresse, il doit avoir le soin d'en aviser à temps l'Administration, car il pourrait arriver que la lettre recommandée lui faisant connaître la décision de la Commission ne le touchât point et qu'il soit forclos du droit de saisir la Commission du second degré. *

DROIT D'APPEL POUR L'ADMINISTRATION

L'Administration a-t-elle le droit de saisir la Commission du deuxième degré, si la décision du premier degré lui paraît contraire aux intérêts du Trésor ?

Incontestablement oui, l'Administration peut user à son profit de toutes les voies de recours qui sont ouvertes au contribuable.

RECOURS AU CONSEIL D'ÉTAT

Peut-on recourir de plein droit au Conseil d'État contre une décision de la Commission du premier degré qu'on n'aurait pas frappée d'appel ? La question s'est posée en fait dans les conditions suivantes : un contribuable a souscrit une déclaration ; il est tombé d'accord avec la Commission du premier degré pour la fixation du bénéfice supplémentaire. Le rôle a été établi et les paiements commencés. Mieux conseillé, le contribuable apprend qu'il aurait pu obtenir un dégrèvement qu'il n'a pas sollicité. Il ne peut évidemment pas interjeter appel, puisque le mois pendant lequel cet appel doit être interjeté est depuis longtemps écoulé.

A-t-il le droit de saisir directement le Conseil d'État ? Il n'y a pas de délai imposé aux contribuables pour introduire un recours devant le Conseil d'État. Dans ces conditions, il faudrait conclure que rien ne s'oppose à ce que ce recours soit introduit. Mais cette lacune de la loi sera vraisemblablement comblée en jurisprudence par analogie avec d'autres motions. Les voies de recours ne sont dans nos lois ouvertes que pendant des délais préférés. Le Conseil d'État ne considérera sans doute pas comme recevable un pourvoi introduit dans ces conditions de fait.

---

* **Effet suspensif.** — Nous avons indiqué (*page 4*) que l'effet suspensif de l'appel au point de vue de la perception et du paiement de la contribution. Nous rappelons que le Gouvernement a déposé un projet de loi supprimant l'effet suspensif de l'appel et obligeant le contribuable à payer d'après la taxation de la Commission du premier degré (*voir page 4 renvoi*).

CHAPITRE X

LA COMMISSION SUPÉRIEURE
OU
COMMISSION DU SECOND DEGRÉ

RECOURS AU CONSEIL D'ÉTAT

COMPOSITION DE LA COMMISSION

Les appels des décisions de la Commission du premier degré sont portés devant la Commission supérieure qui siège au Ministère des Finances et qui comprend:

Un Président de section du Conseil d'État, président de la Commission.

Deux Conseillers d'État en service ordinaire. — Ces trois membres de la Commission sont désignés par le Ministre de la Justice.

Deux Conseillers maîtres à la Cour des Comptes.

Deux Inspecteurs des Finances.

Un Administrateur des Contributions directes. — Ces cinq membres sont désignés par le Ministre des Finances.

Le Directeur général des Contributions directes.

Six membres désignés par la réunion des Présidents des Chambres de commerce ou à défaut par le Ministre du Commerce et de l'Industrie.

Des auditeurs au Conseil d'État désignés par le Ministre de la Justice, — des auditeurs à la Cour des Comptes désignés par le Ministre des Finances peuvent être adjoints à la Commission en qualité de rapporteurs.

Les fonctions de secrétaire seront remplies par un ou plusieurs employés supérieurs de la Direction générale des Contributions directes désignés par le Ministre des Finances.

SECTIONS

La Commission supérieure sera saisie d'un nombre vraisemblablement considérable d'appels et comme il importe que ces questions soient tranchées le plus rapidement possible, la loi a prévu la division de la Commission supérieure en deux sections dont chacune comprendra en outre du Président de section du Conseil d'Etat :

Un Conseiller d'État,

Un Conseiller Maître à la Cour des Comptes,

Un inspecteur des Finances,

L'Administrateur des Contributions directes désigné par le Ministre des Finances ou le Directeur général des Contributions directes.

Trois des membres désignés par la réunion des Présidents de Chambres de commerce ou à défaut par le Ministre du Commerce et de l'Industrie.

PROCÉDURE DEVANT LA COMMISSION. — ACTE D'APPEL

Un décret du 12 juillet 1916 a déterminé les règles de la procédure à suivre devant la Commission supérieure.

La requête d'appel doit intervenir dans le mois à partir du jour où le contribuable a reçu la notification de la décision de la Commission du premier degré. Elle doit être rédigée sur papier timbré, — car l'État ne perd jamais l'occasion de percevoir un impôt supplémentaire, et l'Administration des Finances a rapidement trouvé, dans l'arsenal de ses lois, un certain article 19 d'une loi bien peu récente (13 brumaire an VII) qui, paraît-il, justifie cette perception —

La requête contient :

Le nom et le domicile du ou des réclamants,

L'exposé des faits et des moyens,

Les conclusions de la réclamation,

L'énonciation des pièces dont le réclamant entend se servir, et qui doivent être jointes à cette requête.

A la requête également doit être annexée la lettre de notification de la décision attaquée.

Il est évidemment des pièces que le contribuable ne pourra pas annexer à sa requête : ce sont par exemple ses livres de comptabilité. Il remplacera cette annexe par une copie certifiée conforme et fera, si bon lui semble, légaliser sa signature par le Commissaire de police. Nous conseillons d'ailleurs vivement à tous les contribuables de ne donner que des copies certifiées conformes des pièces dont ils ont l'intention de se servir et de conserver entre leurs mains les originaux tels que contrats, reçus, etc., etc. Ce que veulent la loi et le décret, c'est évidemment que le débat soit limité à des points nettement déterminés et indiqués dans la requête d'appel, — que cette requête puisse être étudiée sur pièces, — mais la Commission supérieure ayant toujours le droit d'ordonner un supplément d'instruction, elle pourra faire contrôler sur place les copies certifiées conformes et les comparer avec les documents originaux ou mettre en demeure l'intéressé d'avoir à les lui apporter.

Ces requêtes et les pièces annexes sont déposées ou adressées : soit au Secrétariat de la Commission supérieure au Ministère des Finances, Direction générale des Contributions directes,

soit au Secrétariat de la Commission du premier degré qui a rendu la décision attaquée, direction départementale des Contributions directes.

Le contribuable a le droit d'exiger un récépissé du dépôt de sa requête et des pièces annexes et il a intérêt à le faire pour établir qu'il a introduit sa requête d'appel dans le délai prévu par la loi. Nous avons indiqué plus haut qu'en cas de non accord entre la Commission du premier degré et le contribuable sur la déclaration souscrite par ce contribuable, celui-ci a le droit de faire connaître à l'Administration qu'il maintient sa déclaration et que cette seule indication constitue une requête d'appel et un recours devant la Commission supérieure.

Requêtes ou déclarations sont inscrites sur un registre tenu au Secrétariat de la Commission supérieure, suivant l'ordre de leur date de dépôt et de leur date d'arrivée. Celles faites au Secrétariat de la Commission du premier degré sont transmises à la Commission supérieure.

NOTIFICATION AU CONTRIBUABLE DE L'APPEL DE L'ADMINISTRATION

Si l'appel émane du Directeur des Contributions directes, le contribuable est avisé qu'il peut prendre connaissance du dossier de l'affaire au Secrétariat de la Commission du premier degré dans un délai de dix jours * et qu'un second délai de quinze jours lui est ouvert pour produire ses observations.

* Rien n'indique dans la loi le point de départ de ce délai : il y a là une lacune grave que la jurisprudence devra combler. D'autre part, la loi ne prévoit pas les garanties que le contribuable peut exiger pour avoir la certitude que l'appel de l'Administration a été introduit régulièrement dans le délai fixé d'un mois.

L'appel du Directeur des Contributions directes est introduit dans les mêmes formes que l'appel du contribuable; il doit contenir l'exposé des faits et des moyens invoqués par l'Administration, les conclusions de l'Administration, l'énonciation des pièces dont l'Administration entend se servir et qui doivent également être jointes au dossier. Toute cette documentation sera la base de la décision de la Commission supérieure. Il est indispensable que le contribuable en prenne connaissance pour pouvoir y répondre et produire un mémoire en défense.

INSTRUCTION DE L'AFFAIRE

Le dossier ainsi constitué — et complété, s'il y a lieu, par les pièces que le Ministre des Finances peut y faire verser et par l'avis de la Commission du premier degré, — est remis au Président de la Commission supérieure qui désigne un rapporteur, chargé de l'examen de chaque affaire.

La Commission étant divisée en deux sections, le Président désigne celle des sections qui doit instruire l'affaire en confiant alternativement à chacune des sections l'attribution des affaires dans l'ordre de leur inscription au registre du Secrétariat.

Néanmoins, toutes les affaires qui sont connexes doivent être jointes et attribuées naturellement à celle des sections qui est saisie du premier appel. Toutefois, le Président a le droit, avant distribution, de réserver telle ou telle requête pour la soumettre à l'examen de la Commission supérieure, réunie en assemblée plénière.

La Commission supérieure statuant en assemblée plénière ou chacune des sections, a le droit d'ordonner les suppléments d'instruction qu'elles jugent nécessaires. Elles communiquent leurs décisions pour exécution au Ministre des Finances et il est procédé au supplément d'instruction par les soins de la Commission du premier degré, à moins que la Commission supérieure n'ait elle-même indiqué par quel service et dans quelles conditions elle entend que le supplément d'instruction soit effectué.

La Commission statue sur mémoires, sans que les parties puissent prendre la parole par elles-mêmes ou par un avocat ou un fondé de pouvoirs. Les parties peuvent présenter autant de mémoires que bon leur semble et fournir toutes explications complémentaires qui leur paraîtront utiles. Le droit de la défense est devant cette Commission, comme devant toutes autres juridictions, absolument sans limites.

Procédure devant la Commission Supérieure. — La procédure devant la Commission Supérieure est uniquement une procédure sur mémoires.

Un contribuable qui avait demandé à présenter les observations orales n'a pas été admis à le faire et la Commission Supérieure a statué ainsi que suit :

Considérant, d'autre part, que si le requérant a, dans son recours, adressé sa demande à la Commission Supérieure, cette demande ne saurait être retenue; qu'en effet l'article 11 de la loi du 1er juillet 1916 dispose que la Commission Supérieure statue sur mémoires, et que ni la loi, ni le décret du 12 juillet 1916 portant organisation de la Commission Supérieure ne prévoient la convocation des contribuables devant ladite Commission. (Décision du 9 mars 1917).

Cette décision est juridique : il n'empêche que la procédure actuellement suivie par la Commission Supérieure nous paraît singulièrement critiquable en ce sens que l'Administration a connaissance de tous les documents et mémoires produits par le contribuable tandis que le contribuable est parfois jugé sur des rapports et des avis qu'il ne connaît pas. Il y a là une situation de fait et droit particulièrement délicate.

DÉCISION

Les rapporteurs ont voix délibérative dans les affaires qu'ils ont été chargés d'examiner.

L'assemblée plénière ne peut statuer que si huit membres ayant voix délibérative sont présents.

Les sections statuent en présence de cinq membres au moins ayant voix délibérative. Une section peut toujours décider de renvoyer une affaire à l'examen de l'assemblée plénière.

Les décisions sont prises à la majorité des voix et en cas de partage la voix du Président est prépondérante. Elles mentionnent les noms des membres qui ont délibéré et contiennent les noms et qualités des parties, leurs conclusions et le visa des pièces principales. Ces décisions doivent être motivées. Le Président, le Rapporteur et le Secrétaire signent seuls les décisions.

NOTIFICATION DE LA DÉCISION

Les décisions de la Commission sont notifiées aux contribuables intéressés par lettre recommandée. Elles sont également notifiées au Secrétariat de la Commission du premier degré, qui en délivre au Directeur des Contributions directes les extraits nécessaires à l'établissement du rôle.

RECOURS EXTRAORDINAIRE DEVANT LE CONSEIL D'ÉTAT

DÉLAI ET PROCÉDURE

Les décisions de la Commission supérieure sont en principe rendues définitivement et en dernier ressort. Néanmoins, elles peuvent être attaquées devant le Conseil d'État pour excès de pouvoir ou pour violation de la loi.

La loi n'a pas fixé le délai pendant lequel ce recours peut être exercé. C'est donc le délai normal de deux mois à dater du jour de la notification au contribuable de la décision rendue par la Commission supérieure *.

Les formes de ce recours devant le Conseil d'État n'ont pas été précisées. Ce sont donc celles du droit commun en matière d'excès de pouvoir. Le pourvoi est établi sous forme de lettre au Président du Conseil d'État. Il doit être rédigé sur papier timbré et est enregistré en *débet*. Ce droit n'est payé que si le pourvoi est rejeté. Aucune formule spéciale n'est de rigueur. Il suffit d'indiquer ses nom et prénoms, de déclarer qu'on défère au Conseil d'État la décision de la Commission supérieure rendue à une date que l'on indique, notifiée par un avis qui peut être joint à ce pourvoi et d'indiquer en outre les motifs du pourvoi.

---

* *Voir aussi page 102.*

Contribuable empêché de produire ses justifications. — Un contribuable versé dans le service armé, n'avait pas pu apporter à la Commission du premier degré les pièces justificatives de sa déclaration, la Commission du premier degré avait statué d'office. La Commission Supérieure a ordonné une nouvelle vérification.

Considérant que, dans son recours, le sieur X... soutient qu'ayant été versé dans le service armé, il n'a pas eu le temps ni la permission de chercher et de produire ses factures ou autres pièces justificatives; qu'il y a lieu, dans ces conditions, de procéder à une nouvelle vérification à l'effet de déterminer, d'après des documents de comptabilité précis, que le requérant sera invité à produire, le montant effectif des bénéfices nets par lui réalisés pendant la période d'imposition.

(Décision du 23 mars 1917).

L'intervention d'un avocat au Conseil d'État n'est point indispensable. Néanmoins comme le recours n'a lieu que pour excès de pouvoir ou pour violation de la loi, les contribuables n'auront en général pas compétence suffisante pour motiver juridiquement un recours sérieux et ils auront tout intérêt à s'adresser à leurs conseils habituels.

Les pièces annexées à la requête d'appel doivent être jointes également au pourvoi en Conseil d'État ou tout au moins doivent être énumérées et précisées au cas où le contribuable n'aurait pas pu se faire restituer par l'Aministration des Contributions directes les pièces dont s'agit au moment même où il introduit son pourvoi. Les pourvois sont déposés sans frais au Secrétariat du Contentieux du Conseil d'État. Le recours devant le Conseil d'État n'est pas suspensif. Les contribuables seront donc imposés en conformité de la décision de la Commission supérieure et devront acquitter leurs taxes au fur et à mesure de l'exigibilité sans pouvoir invoquer le bénéfice du pourvoi.

Le Conseil d'État statue en assemblée plénière, casse ou maintient la décition attaquée. Si la décision est annulée, l'affaire est portée de nouveau devant la Commission supérieure.

EXCÈS DE POUVOIR. — VIOLATION DE LA LOI

Le recours n'est ouvert que pour excès de pouvoir ou violation de la loi.

La jurisprudence administrative a donné à ces mots " excès de pouvoir " un sens très étendu — l'excès de pouvoir a été la porte ouverte à toutes les réclamations contre un acte administratif. Excès de pouvoir contre les arrêtés des Ministres, des Préfets et des Maires : partout et en toutes circonstances, le Conseil d'État a opposé la barrière de son contrôle à l'arbitraire du pouvoir central — tutelle excellente, dont tant d'intérêts privés n'ont eu qu'à se louer. Pour l'application de cette loi, grâce à cette formule " excès de pouvoir " le Conseil interviendra, sera compétent pour connaître en nombre de cas, et de la forme et du fond, et du droit et du fait et demeurera la protection du contribuable, si contre toute attente l'Administration qui a donné des gages de sa bienveillance, poussait le zèle à l'extrême. Il y a tout lieu d'espérer cependant que les contribuables reculeront devant ces recours qui pourraient être nombreux, car tant de points sont demeurés flottants! et que Commissions et assujettis arriveront aux transactions souhaitables. Cette contribution passagère qui ne doit survivre que quelques mois aux circonstances tragiques dont elle est issue ne donnera donc point naissance à un gros contentieux, nous en avons l'espoir. Commerçants et industriels savent que « *plusieurs mauvaises transactions valent mieux qu'un bon procès* ».

CHAPITRE XI

TAXATION D'OFFICE

MISE EN DEMEURE PRÉALABLE. — DÉLAI SUPPLÉMENTAIRE

Le contribuable qui n'aura pas produit sa déclaration entre le 1er septembre et le 30 octobre 1916, pour cette année ou dans les trois premiers mois de chacune des années suivantes, recevra d'abord une mise en demeure qui lui sera adressée par l'Administration.

Il jouira alors d'un nouveau délai d'un mois pour présenter sa déclaration au cas où il aurait oublié de le faire ou au cas où, après avoir refusé de s'incliner devant l'obligation légale et morale qui s'impose à lui, il reviendrait à de meilleurs sentiments. Il peut également fournir alors une déclaration négative s'il considère qu'il ne doit point être imposé et que le bénéfice net par lui réalisé pendant la période à laquelle se rapporte l'imposition n'a pas excédé de 5.000 francs le montant de son bénéfice normal.

Si le contribuable fait une déclaration, la Commission l'examine et la contrôle et il se trouve absolument dans la même situation que celui qui a fait sa déclaration dans les délais voulus.

TAXATION D'OFFICE

S'il ne souscrit pas de déclaration ou s'il souscrit une déclaration négative que la Commission n'accepte pas, il est alors taxé d'office. La loi a déterminé les moyens de taxation qu'elle donne à la Commission.

La Commission établit la taxation des patentés et concessionnaires de mines d'après les éléments dont elle dispose. Cette formule : « d'après les éléments dont elle dispose », est aussi compréhensive que possible.

Ainsi que nous l'avons expliqué plus haut, la Commission se compose de quatre ou cinq services financiers :

service de la Perception, représenté par le Trésorier payeur général.
service des Contributions directes.
service des Contributions indirectes.
service de l'Enregistrement.
service des Douanes.

Ces grands services fiscaux connaissent à peu près tous les éléments de la vie économique du contribuable. Ils connaissent le chiffre de ses impositions; ils ont entre les mains sa déclaration pour la perception de l'impôt général sur le revenu ou sa taxation d'office; ils connaissent tous les mouvements de marchandises contrôlées comme les alcools, les vins, et certains produits alimentaires; le mouvement des matières premières et des produits fabriqués, notamment sur le réseau de l'État : les importations et exportations; tous les marchés passés avec l'État ou les Administrations publiques et tous les contrats enregistrés; le nombre des ouvriers de l'industriel, le nombre de ses machines, la valeur réelle de son installation. Avec tous ces éléments, il sera possible à la Commission de taxation d'évaluer d'une manière empirique — mais très voisine de la vérité — les bénéfices de celui qui aura refusé de souscrire la déclaration obligatoire. Ce contribuable, d'ailleurs, ne sera nullement intéressant et ne bénéficiera pas de faveurs de l'Administration et des Commissions. Cherchant à se soustraire au paiement de l'impôt, il sera à peu près, à notre avis, dans la situation où se trouve un fraudeur pris sur le fait. Et si la loi n'a pas établi de sanction pénale contre lui, il est certain qu'il est disqualifié au point de vue moral.

En ce qui concerne les contribuables non patentés et tous ceux qui paient la contribution sur les bénéfices exceptionnels, la taxation sera faite à l'aide des éléments recueillis par les services publics et notamment par l'examen des marchés. L'Intendance est fixée sur le prix de revient de tout ce qu'elle a acheté ou commandé et sur la part de bénéfice que chaque marché peut ou doit comporter normalement pour l'industriel ou le commerçant. Elle communiquera tous ses dossiers à la Commission de taxation, qui y puisera les éléments dont elle a besoin, soit directement, soit par voie de comparaison entre les différents prix faits par les différents fournisseurs pour le même objet.

Évaluation du bénéfice brut. — En l'absence de tous documents comptables, la Commission de taxation a le droit de fixer les bases de l'imposition.

Considérant qu'il résulte de l'instruction qu'en l'absence d'inventaire régulier la Commission du premier degré a dû recourir à une évaluation forfaitaire des bénéfices servant de base à l'imposition; que, si elle a fixé le bénéfice brut à 25 p. 100 du chiffre d'affaires, c'est après vérification de la comptabilité du sieur X..., et déduction des frais généraux calculés suivant les indications portées sur les livres de ce commerçant;

Considérant que sans contester ce mode d'évaluation, le sieur X... soutient que le pourcentage de 25 p. 100 doit être ramené à 20 p. 100 du chiffre d'affaires;

Considérant que, d'après l'enquête à laquelle il a été procédé par les soins de la Commission du premier degré, le taux de 25 p. 100 correspond à la moyenne des bénéfices réalisés à... depuis la guerre dans le commerce des chaussures et que, de l'aveu même du requérant, pour la période antérieure à la guerre, il n'est pas exagéré. (Décision du 12 février 1917).

DOCUMENTATION SUR PLACE

Mais de plus, la Commission est armée de pouvoirs singulièrement plus larges, car, même en l'absence de toute déclaration elle peut faire procéder, par l'un ou l'autre des services financiers, à des vérifications sur place, en présence des intéressés ou ceux-ci dûment appelés.

Nous nous sommes expliqués plus haut sur les conséquences qui découleront pour le contribuable du refus de communiquer sur place les documents que demandera l'Administration.

NOTIFICATION DE LA TAXATION

La taxation établie est notifiée au contribuable par l'Administration des Contributions directes par lettre recommandée. Cet avis fait connaître pour chacune des exploitations, lorsqu'il s'agit de contribuables imposés pour les bénéfices supplémentaires, les chiffres arrêtés par la Commission en ce qui concerne :

1° Les bénéfices fixés pour la période à laquelle se rapporte l'imposition, c'est-à-dire cette année pour la période qui court entre le 1er août 1914 et le 31 décembre ;

2° Les déductions opérées à titre de bénéfice normal ;

3° L'excédent constituant la base de la taxation.

RECOURS CONTRE LA TAXATION

Le contribuable taxé d'office a le droit de faire appel de la décision de la Commission du premier degré. Son appel doit être introduit dans le délai d'un mois à partir du jour où il reçoit la notification de la décision de la Commission du premier degré. Les formes et les règles qui s'imposent au contribuable qui a fait sa déclaration s'appliquent également dans l'hypothèse que nous examinons actuellement.

NON-DÉCLARATION. — MAJORATION DE LA TAXE. — CHARGE DE LA PREUVE

Deux sanctions sont prises à l'encontre du contribuable qui n'a pas fait de déclaration :

1° La première est l'obligation que la loi impose à ce contribuable de fournir la preuve du chiffre exact de son bénéfice exceptionnel ou supplémentaire à

Taxation d'office — C'est au contribuable à justifier qu'il a été surtaxé.

Considérant que, dans ces conditions, le sieur X... ne saurait être regardé comme ayant administré la preuve que la Commission du premier degré a fait une appréciation exagérée de son bénéfice supplémentaire en l'évaluant à 15.000 fr. (Décision du 10 mars 1917).

l'encontre de la décision de la Commission du premier degré, s'il la conteste. Si par conséquent ce contribuable n'apporte pas de justifications précises, complètes et sincères, la Commission supérieure confirmera purement et simplement la décision de la Commission du premier degré, sans que l'Administration ait à fournir aucune justification. Les chiffres posés par la Commission du premier degré demeurent acquis à l'encontre du contribuable tant que celui-ci n'a pas fait la preuve contraire d'une manière complète et formelle. Le motif qui a déterminé le législateur est facile à comprendre : ce contribuable, ainsi que nous l'avons dit plus haut, n'est pas intéressant; il a tenté de profiter des erreurs que le fisc peut commettre pour échapper au paiement de tout ou partie de l'impôt. Le voici maintenant porté d'office sur les rôles de la contribution : il n'accepte pas la taxation que l'Administration a proposée; c'est évidemment à lui à faire la preuve contraire et à ouvrir les livres de commerce qu'il voulait tenir fermés et incontrôlés;

2° La seconde sanction est que les droits afférents aux bénéfices imposables sont majorés de 10 %. Ainsi donc le contribuable qui a réalisé cent cinq mille francs de bénéfices exceptionnels et qui n'a pas pris l'initiative d'une déclaration est imposé de la manière suivante :

50 % de ses bénéfices, déduction faite de 5.000 francs...........	50.000
Pénalité par la majoration de 10 % de droits afférents aux bénéfices imposables..	5.000
Total à payer.........	55.000

Cette dernière sanction s'applique même au cas où ce contribuable récalcitrant a cédé à la mise en demeure et souscrit une déclaration. Cette déclaration tardive ne l'exempte pas de la pénalité.

SITUATION PARTICULIÈRE AUX MINES

En ce qui concerne les concessionnaires de mines, il ne peut y avoir de difficultés ni de contestations : leurs bénéfices sont établis par la redevance proportionnelle qu'ils paient à titre d'impôt remplaçant la patente, ainsi que nous l'avons expliqué plus haut. L'État a entre les mains des documents absolument certains pour établir, d'une part le bénéfice normal antérieur à la guerre et, d'autre part, le bénéfice réalisé pendant la période d'imposition. L'excédent imposable est donc facile à trouver, au cas où ils n'auraient souscrit aucune déclaration, ce qui serait incompréhensible de leur part [*].

---

[*] *Voir aussi page 12 en renvoi.*

CHAPITRE XII

CALCUL DE L'IMPOT
PAIEMENT DE LA CONTRIBUTION
DÉLAIS DE FAVEUR - OMISSIONS

CALCUL DE L'IMPOT. — DÉDUCTION DE 5.000 FRANCS

L'impôt est calculé pour les *bénéfices supplémentaires* des patentés (personnes ou Sociétés) et des concessionnaires de mines, en appliquant 50 % à la portion de bénéfice excédant 5.000 francs.

En ce qui concerne les *bénéfices exceptionnels*, l'impôt est calculé en y appliquant le taux de 50 %, mais les contribuables qui sont compris dans cette catégorie ont le droit de déduire, sur leur déclaration même, une somme de 5.000 francs par an.

La situation au point de vue du taux de l'impôt est donc identiquement la même entre les deux catégories de contribuables. Dans un cas (bénéfices exceptionnels) c'est le contribuable lui-même qui fait la déduction sur la formule de la déclaration; dans l'autre cas (bénéfices supplémentaires) c'est l'Administration qui, dans le calcul de la taxe, commence par déduire la somme de 5.000 fr.

Il n'y a donc entre les deux catégories que cette différence fondamentale : les bénéfices exceptionnels sont imposables pour la totalité du bénéfice, tandis que les bénéfices supplémentaires ne sont imposables que pour la partie de bénéfice qui excède le bénéfice normal antérieur à la guerre. Voici, par exemple, un fournisseur de la guerre, non patenté, qui a pris un marché d'effets de petit équipement. Il a réalisé un bénéfice *exceptionnel* de vingt mille francs. Il déclare un bénéfice de.. 20.000 francs
porte en déduction.. 5.000 »

et paie la contribution de 50 % sur.. 15.000 soit 7.500 »

S'il n'a fait que cinq mille francs de bénéfices comme fournisseur ou comme courtier ou comme intermédiaire, il déclarera :

Bénéfice réalisé	5.000 »
Déduction autorisée	5.000 »
Somme imposable	Néant

Au contraire, le patenté ou le concessionnaire de mines, qui est imposable sur les bénéfices *supplémentaires* fait sa déclaration en établissant :

1° les bénéfices nets réalisés pendant la période imposée (1er août 1914 — 31 décembre 1915).

Pour cette période de dix-sept mois	100.000
Bénéfice normal pour dix-sept mois	80.000
Excédent imposable	20.000

C'est l'Administration qui calculera l'impôt sur ces vingt mille francs et elle le calculera de la manière suivante :

Bénéfices supplémentaires	20.000
Déduction autorisée par la loi	5.000
Partie imposable	15.000
Impôt à percevoir	7.500

Il aurait été évidemment plus logique de procéder de la même manière dans les deux hypothèses puisque les résultats doivent être les mêmes.

ROLES. — PAIEMENT DE LA CONTRIBUTION

Les contributions directes sont, comme on le sait, perçues en vertu d'actes administratifs qu'on appelle « rôles nominatifs ou titres de recouvrement ».

Les rôles sont des états collectifs qui sont établis chaque année et qui comprend peut pour chaque commune le nom et l'adresse du contribuable, la base de l'impôt et la somme à percevoir. Tous les rôles sont dressés par les suis du Directeur des Contributions directes du département. Ils sont émis et rendus exécutoires un arrêté du Préfet, puis le Percepteur d'en assure recouvrement à l'encontre des contribuables. Le Maire avise les administrés par voie d'affiches que le rôle est arrivé à la perception : c'est la publication du rôle. Notification est faite par l'avertissement adressé à chaque contribuable de la somme pour laquelle il est inscrit au rôle de la contribution.

DÉLAI DE PAIEMENT DES COTISATIONS

Le paiement des cotisations, c'est-à-dire de la contribution due par le contribuable, est exigible pour l'impôt afférent à la période du 1er août 1914 au 31 décembre 1915, par quart de deux mois en deux mois, à partir du premier jour du mois qui suivra la publication du rôle.

Si par exemple les rôles ont été publiés pour cette période en janvier 1917, le paiment de la cotisation sera effectué en quatre quarts à partir du 1er février 1917, c'est-à-dire en février, avril, juin et août 1917, sauf ce qui est dit plus loin en ce qui concerne l'ajournement des deux derniers quarts.

En ce qui concerne les exercices suivants, les cotisations seront exigibles par quart de trois mois en trois mois à partir du premier jour du mois qui suivra la publication du rôle. Si par conséquent les rôles de l'imposition de 1916 sont publiés en juillet 1917, les impositions seront payables en septembre et décembre 1917, mars et juin 1918 et ainsi de suite, sauf egalement le droit pour le contribuable, imposé sur ses bénéfices supplémentaires, d'ajourner jusqu'à l'après guerre le paiment des deux derniers quarts.

D'ailleurs, les indications nécessaires seront portées sur les avertissements; la date de la publication du rôle est indiquée en marge de l'avertissement. Ces dates ne sont pas uniformes pour la France entière et elles varient de département à département.

BÉNÉFICES SUPPLÉMENTAIRES. — FRACTIONNEMENT DES PAIEMENTS

Tous ceux qui sont imposés sur les bénéfices supplémentaires ne paieront pas immédiatement la totalité de la cotisation afférente à l'exercice d'imposition. Ils peuvent ne payer que la moitié de cette cotisation; l'autre moitié constituant une réserve dont nous allons voir le rôle.

Supposons le bénéfice imposable pour 1916 de 200.000 francs: le contribuable n'a à payer s'il le veut, au cours de 1917, que la somme de cent mille francs. Les cent mille francs d'excédent sont mis en réserve; ils ne seront exigibles que six mois après l'expiration du dernier exercice de la période pour laquelle la contribution de guerre est instituée, c'est-à-dire douze mois, après le décret de cessation des hostilités. Cette réserve est créée pour permettre aux contribuables d'obtenir une réduction au cas où un des bilans de la période de guerre présenterait un déficit par rapport au bénéfice normal. Le législateur a voulu imposer tous les bénéfices supplémentaires réalisés pendant la guerre, mais il est évident que si l'on considère l'ensemble de la durée de la guerre, il n'y aura de bénéfice total supplémentaire réalisé pendant la guerre que sous déduction des déficits qui peuvent survenir. La contribution aurait donc dû normalement être réglée en fin de guerre si l'on voulait tenir un compte absolument exact de l'ensemble des résultats acquis pendant la guerre, mais l'État avait besoin d'argent dès maintenant. D'autre part il ne pouvait pas percevoir un impôt autrement que définitivement; il ne voulait point être exposé à rendre plus tard tout ou partie des sommes perçues. Le législateur a donc imaginé une réserve sur laquelle se répercuteront exclusivement les pertes, quel-qu'en soit le montant. Le contribuable conserve par devers lui une partie de l'impôt dont il est redevable; c'est sur cette partie exclusivement et dans les limites de cette réserve au maximum, qu'il aura droit en cas de perte à une détaxe à la fin de guerre. Toutefois si le contribuable pajait volontairement ces deux derniers quarts au cours de la guerre, il perdrait tout recours contre l'État et serait ainsi avoir renoncé tacitement au bénéfice de cette réserve.

PERTES SUBIES PENDANT UN EXERCICE DE GUERRE

Il importe de bien se rappeler, au point de vue fiscal, que la perte* subie pendant un exercice de guerre ne rejaillit pas sur l'autre. Il n'y a aucune relation entre les comptes de ces deux exercices. Si la première période d'imposition donne une perte de 60.000 francs et la seconde période un bénéfice de 150.000 francs, il est certain que l'industriel n'a réalisé au point de vue social et au point de vue comptable qu'un bénéfice net distribuable de 90.000 fr. (150.000 — 60.000 = [illegible].000 fr.). Mais fiscalement, le bénéfice est de 150.000 francs et c'est sur ce chiffre que, pour a seconde période d'imposition, l'impôt sera calculé. C'est une des divergences essentielles entre le point de vue fiscal et le point de vue comptable.

La perte donnera lieu à une détaxe. Il faut aussi bien comprendre que la perte qui peut entrer en ligne de compte pour la détaxe doit naturellement s'étendre d'une perte établie en conformité des principes fiscaux. De même qu'on ne déduit pas du bénéfice imposable les intérêts du capital, de même, ils n'entrent point en ligne de compte pour grossir le chiffre des pertes. Un industriel qui a l'habitude de porter au compte de profits et pertes les intérêts à 6 % de son capital de 200.000 francs, soit 12.000 francs et un prélèvement mensuel de mille francs, n'a pas le droit de faire entrer ces 24.000 francs en ligne de compte pour établir la perte qu'il a subi pendant une période d'imposition.

CALCUL DE LA DÉTAXE

La détaxe n'est donc point égale à la totalité de la perte effectuée. Si par exemple les résultats sont les suivants:

Premier exercice d'importation (1er août 1914-31 décembre 1915).

bénéfice imposable................	155.000 francs.
année 1916, bénéfice imposable......	205.000 »
année 1917, perte....................	70.000 »

le contribuable n'a pas le droit de déduire les 70.000 francs de la somme qu'il a conservée entre ses mains. Le contribuable n'a le droit dedéduire, suivant la formule de la loi qu'un *prorata égal au taux de l'impôt réellement payé sur les bénéfices pendant toute la guerre par rapport aux bénéfices réalisés.*

* Il importe de ne pas confondre la perte avec le manque à gagner ou avec l'a non existence d'un bénéfice supplémentaire dont qu'il y ait perte, il ne suffet pas qu'il n'y ait pas absence de bénéfice supplémentaire en excédent du bénéfice normal; il faut qu'il y ait perte réelle, effective dans le resultat de l'exercice envisagé. Il faut, en comptabilité, que le debit de "Profits et pertes" sont plus elevé que le crédit.

Dans notre exemple pour un bénéfice total de 360.000 francs, le contribuable aura payé 171.000 francs, soit 47,50 % du bénéfice. Il aura droit pour son année de perte à une détaxe sur la partie non versée de son impôt égale aux 47,50 % des 70.000 francs de déficit, soit à une détaxe de 33.250 francs. L'État consent donc à tenir compte des pertes pour un tantième égal au tantième pour lequel les bénéfices ont été imposés.

EXEMPLE DE DÉTAXE POUR PERTES

Supposons que la date de cessation des hostilités soit le 31 mars 1917; la dernière période d'imposition expirera le 31 mars 1918. Nous avons ainsi quatre périodes d'imposition :

1re période : 1er août 1914 — 31 décembre 1915, 17 mois;
2e période : année 1916, 12 mois;
3e période : année 1917, 12 mois;
4e période : 1er janvier au 31 mars 1918, 3 mois.
Soit au total, 44 mois.

Le contribuable a, par hypothèse, obtenu les résultats suivants pour l'ensemble de ses entreprises : dans la première période 105.000 francs de bénéfices; 65.000 francs dans la seconde; 15.000 francs dans la quatrième, et dans la troisième, il existe un déficit de 50.000 francs.

Voici le tableau qu'on peut alors dresser :

	BÉNÉFICE IMPOSABLE	DÉFICIT D'EXPLOITATION	IMPOT	FRACTION PAYABLE immédiatement	FRACTION DONT LE PAIEMENT EST différé
1re période	105.000		50 000	25.000	25.000
2me idem	65.000		30.000	15.000	15.000
3me idem		50.000			
4me idem	15.000		5.000	2.500	2.500
	185.000	50.000	85.000	42.500	42.500

Le montant total de l'impôt réservé atteint donc : 25.000 + 15.000 + 2.500 = 42.500 francs,
Le total des bénéfices imposables pendant la période totale d'imposition est de :

105.000 + 65.000 + 15 000 = 185.000 francs.

Le total de l'impôt pour la période de guerre, sur le bénéfice ci-dessus, est de :

50.000 + 30 000 + 5.000 = 85.000 francs.

La moyenne des taux effectifs ressort donc à : $\frac{85.000}{185.000}$ = 45 fr. 90 p. 100.

Par contre, on constate un déficit d'exploitation, sur un des exercices, de 50.000 fr.

On applique à ces 50.000 fr. le taux de 45.90 p. 100 et on obtient la détaxe qui est égale à 22.950 fr.

On déduira ces 22.950 fr. des 42.500 fr. montant de l'impôt réservé et le contribuable payera, à la suite de ce travail :

42.500 — 22.950 = 19.550 fr.

Si le montant de la détaxe, dans une autre hypothèse, atteignait, par exemple, 50 000 fr., le contribuable n'aurait rien à payer, mais le Fisc ne lui rembourserait rien, le montant de l'impôt réservé constituant le maximum de la détaxe.

Cette faveur accordée au contribuable ne s'applique pas à ceux qui paient l'impôt sur les bénéfices exceptionnels, même au cas où après avoir réalisé des bénéfices importants pendant le premier exercice, ils ont pris des marchés qui se sont soldés par des déficits importants. Il n'y a pour eux aucune revision, aucun redressement de taxe.

SOMMES EMPLOYÉES EN AMÉLIORATIONS ET EXTENSIONS AVANT LE 1er AVRIL 1916

Nombre de Sociétés, de patentés ou de concessionnaires de mines ont, avant le 1er avril 1916, employé en améliorations ou en extension de leurs entreprises la plus grande partie ou quelquefois même la totalité des bénéfices qu'ils avaient réalisés. Ils auraient donc pu se trouver, au point de vue trésorerie, dans l'impossibilité de payer l'impôt de guerre lorsque la loi a été promulguée.

Le législateur n'a pas voulu qu'une telle éventualité se produisît et en conséquence il a admis que le contribuable pourrait justifier aux Commissions de dépenses ainsi faites avant le 1er avril 1916 pour améliorations et extensions — que ces dépenses donneraient droit à un délai complémentaire pour le paiement de l'impôt dû pour la première période d'imposition (1er août 1914-31 décembre 1915).

La loi n'a pas défini les termes «*améliorations ou extensions de l'entreprise*». Elle a voulu donner à tous ceux qui n'ont pas pensé à mettre en réserve, avant le 1er avril 1916, les disponibilités pour faire face à l'impôt de guerre, le délai nécessaire pour payer l'impôt, sans écraser l'industrie ou le commerce. Améliorer, c'est acheter du matériel, gros et petit outillage, c'est transformer son service de livraisons hippomobile en service de livraisons automobile, c'est transformer la force donnée par un moteur en force électrique, c'est installer l'éclairage électrique dans une usine éclairée au gaz, c'est louer des magasins supplémentaires pour y déposer des marchandises ou pour y installer certains services trop à l'étroit, c'est acheter du stock en marchandises ou en matières premières, en un mot, c'est employer judicieusement dans l'entreprise envisagée tous les capitaux dont on dispose au lieu de les capitaliser en immeubles de rapport ou d'agrément, ou en valeurs de Bourse ou en acquisitions de luxe ou de les dilapider en des dépenses inutiles. Etendre son entreprise, c'est créer des usines nouvelles, installer un service que l'on sous-traitait, mettre en rayon des produits que l'on ne vendait pas, etc., etc.

Agrandissements. — L'Administration a fait savoir (*Journal officiel*, 17 avril 1917, réponse à M. Peyroux, député) qu'à son avis, les sommes affectées à la création ou à l'extension d'établissements industriels ne peuvent être déduites des bénéfices réalisés par l'exploitant. Le contribuable ne peut faire état que des amortissements supplémentaires nécessités par des installations ou des dépenses spéciales aux fournitures spécialement effectuées en vue de fournitures de guerre. C'est donc une question de fait qui domine la solution.

Dans tous ces cas, le contribuable n'aura qu'à justifier à la Commission de la réalité de l'emploi qu'il a fait de ses deniers et il obtiendra un délai supplémentaire pour le paiement de son imposition; au lieu de payer par quart de deux mois en deux mois, il sera donc autorisé à payer en trois annuités. Cette faveur de l'Administration ne s'applique qu'aux impôts afférents aux bénéfices acquis avant le 1er avril 1916 et employés avant cette date. Elle s'applique donc, d'une manière incontestable, au paiement de la première cotisation, c'est-à-dire au paiement de l'impôt sur les bénéfices réalisés entre le 1er août 1914 et le 31 décembre 1915. Elle devra s'appliquer au paiement du quart des impôts qui seront dus sur le deuxième exercice, lequel comprendra l'année 1916 en totalité. Lorsque le recouvrement des rôles sera mis en vigueur, en ce qui concerne cette année 1916, le contribuable aura la faculté de justifier qu'il a employé un quart des bénéfices réalisés en 1916 en extensions ou en améliorations avant le 1er avril 1916. Il paiera ce quart en trois annuités. Quant aux trois autres quarts, il devra les payer dans les délais de la loi.

COMBINAISON DES SURSIS ET DES FRACTIONNEMENTS DE PAIEMENT

Prenons l'hypothèse d'un contribuable qui, du 1er août au 31 décembre 1915, aurait réalisé 490.000 francs de bénéfices imposables et employé 90.000 francs en améliorations. Ce contribuable aura le droit aux avantages suivants:

Son imposition est d'abord scindée en deux fractions ; l'une de 245.000 francs, sur laquelle la taxe de (50 %) sera payable seulement après la guerre, soit (mis en réserve)..	122.500
l'autre de somme égale, soit..	122.500
d'où il aura le droit de déduire la part de taxe afférente aux améliorations $\left(\frac{90\ 000 \times 50}{100}\right)$..	45.000
Il ne paiera donc l'imposition de la première période qu'à concurrence de..	77.000

et en deux fractions de deux mois en deux mois, à raison de 38.750 francs chacune.

Quant aux 45.000 restant dus, il les paiera en trois annuités de 15.000 francs chacune, le premier paiement seul ayant lieu l'année de l'émission du rôle.

Si le rôle est émis et publié en janvier 1917, au lieu de payer les 122.500 francs exigibles sans délai en deux fractions de 61,250 en février, avril 1917, il ne paiera à ces dates que des fractions réduites à 38,750 francs; il aura en outre l'année 1917 entière pour payer sa première annuité de 15.000 francs. Il paiera donc en 1917 la somme totale de 100.000 au lieu de 122.500.

OMISSION DE PERCEPTION. — RÉTABLISSEMENT. — ROLE SUPPLÉMENTAIRE

Toutes omissions relevées par l'Administration des Contributions directes pourront être réparées jusqu'à l'expiration de l'année qui suivra celle de la cessation des hostilités. C'est le texte même de la loi et il paraît suffisamment clair. Il vise d'une part les omissions complètes et d'autre part les omissions partielles. Une insuffisance de perception constitue une omission partielle. Si les hostilités cessent le 30 juillet de l'année 1917, c'est le 31 décembre 1918, c'est-à-dire à l'achèvement de l'année qui suivra l'année de la cessation des hostilités que se prescrit le droit du Fisc.

Tout contribuable qui, par conséquent, n'aurait pas fait sa déclaration et n'aurait pas été l'objet d'une taxation d'office pendant la première année de la guerre, n'est pas indemne. L'Administration conserve le droit de l'imposer jusqu'à la fin de l'année qui suivra la cessation des hostilités.

Il en est de même en ce qui concerne les omissions partielles. Tel contribuable, par exemple, pourra avoir fait la déclaration sincère en des bénéfices supplémentaires qu'ils a recueillis dans son commerce, mais avoir laissé complètement de côté les bénéfices exceptionnels qu'il a réalisés — incognito pense-t-il — dans la tractation d'un marché pris au nom d'un autre contribuable. L'erreur ou l'oubli du Fisc n'est pas définitif tant qu'une année entière ne sera pas écoulée après l'année de la cessation des hostilités.

De même, au cas où le Fisc aurait lui-même omis dans la taxation telle ou telle portion de bénéfice. Un an lui est donné après la guerre, pour rétablir l'exacte contribution qui lui est légitimement due.

VENTE, FAILLITE OU CESSATION D'ENTREPRISE. — MISE EN RÉGIE

Tous les délais accordés pour le paiement de la cotisation cessent de plein droit par application des dispositions du droit commun (art. 1188 C. C.) toutes les fois que le contribuable par une mesure quelconque diminue ou amoindrit le gage que l'État possède sur l'ensemble de ses biens et notamment au cas de dissolution de la Société, de cession ou de vente de l'entreprise, ou au cas de faillite ou de liquidation judiciaire : le solde des impôts restant dus devient alors immédiatement exigible.

La mise en régie d'une entreprise par voie d'abandon amiable d'actif et de passif à des créanciers doit, à notre avis, être assimilée à la cessation d'entreprise et rendre le solde de l'impôt exigible.

Déclaration d'appel — Délais imposés aux Contribuables

Délai de la déclaration.	*Pour la première période d'imposition. (Opérations du 1er août 1914 au 31 décembre 1915).*	**Du 1er septembre au 30 octobre 1916.**
	Deuxième période et suivantes (Année 1916-1917, etc.)	**Du 1er janvier au 31 mars de chaque année, à partir de 1917 *.**
Délai pour produire les explications demandées par la Commission du premier degré, ou accepter ses observations.	....	**Un mois, à dater de la réception de la lettre recommandée, les demandant ou les faisant connaître.**
Délai pour faire appel de la décision de la Commission du premier degré.	*L'appel est fait sous forme de requête et déposé, soit au Secrétariat de la Commission supérieure (Ministère des Finances), soit au Secrétariat de la Commission du premier degré.*	**Un mois, à dater de la réception de la lettre recommandée portant notification de cette décision motivée.**
Délai pour prendre connaissance de l'appel formé par l'Administration.	*Au Secrétariat de la Commission du premier degré.*	**Dix jours de la notification de cet appel faite par lettre recommandée.**
Délai pour le contester et y répondre.	....	**Quinze jours qui commencent à courir à l'expiration du précédent délai de dix jours.**
Délai de pourvoi devant le Conseil d'État.	*Pour excès de pouvoir ou violation de la loi seulement. Le pourvoi est déposé au Secrétariat du Conseil d'État.*	**Deux mois, à dater de la réception de la lettre recommandée, notifiant la décision de la Commission du deuxième degré.**

Patentés, Sociétés, Exploitants de Mines

SURSIS ET FRACTIONNEMENT DU PAIEMENT DE L'IMPOT

Hypothèse :

Bénéfice de guerre du 1er août 1914 au 31 décembre 1915 (*1re période*)...	77.000 »
Bénéfice normal pour 17 mois..........	24.000 »
Excédent..........	53.000 »
Déduction fixe......	5.000 »
Imposable.........	48.000 »

Première moitié exigible : **12.000**

S'il n'y a pas d'améliorations ni d'extensions avant le 1er avril 1916.

Paiement en quatre mois par quart des 24.000 fr. à partir du 1er du mois qui suit la publication du rôle.** **Hypothèse** : rôle publié le 3 février 1917, paiements en :	Mars 1917. 6.000
	Mai 1917.. 6.000

S'il y a eu 24.000 francs d'améliorations, la taxe sur ces 24.000 est de 12.000, le contribuable est autorisé à payer non plus en quatre mois mais en trois annuités par tiers.

Paiement en trois annuités, dont la première est l'année d'émission du rôle.	1917....... 4.000
	1918....... 4.000
	1919... ... 4.000

Impôt à payer : **24.000** »

(*Bénéfices supplémentaires*)

Le même fractionnement s'appliquera pour toutes les périodes sauf en ce qui concerne les délais accordés pour améliorations. Les améliorations n'entrent plus en ligne de compte après le 1er avril 1916.

2e moitié dont le paiement est suspendu : **12.000**

12.000 non exigibles en 1917, année de la publication du rôle, mais exigibles seulement six mois après l'expiration du dernier exercice de la contribution.

Hypothèse : Fin des hostilités, 31 mars 1918.
Dernier exercice, 1er janvier à 31 mars 1919.
Exigibilité des **12 000** : du 1er janvier au 30 juin 1920.

SOUS RÉSERVE des détaxes
pour pertes survenues pendant les autres exercices,
pour amortissements insuffisants,
ou des **surtaxes** pour amortissements et réserves exagérés.

* Ce délai peut être prolongé :

1° Par décision du Directeur général des Contributions directes, sur demande, si le bilan annuel ne coïncide pas avec l'année normale ;

2° En conformité du décret du 3 août 1916, relatif aux contribuables ayant à faire valoir une cause d'empêchement, et sur la demande qu'ils en doivent formuler au Directeur départemental des Contributions directes.

** Pour les exercices autres que le premier (celui du 1er août 1914 au 31 décembre 1915), la taxe est payable par quart également de la totalité de la cotisation, mais les deux premiers quarts sont payés de 3 mois en 3 mois, au lieu de 2 mois en 2 mois.

CHAPITRE XIII

LES FRAUDES COMPTABLES
SANCTIONS PÉNALES ET CIVILES
SECRET DES DÉCLARATIONS

FRAUDES COMPTABLES

Si l'énorme majorité des contribuables est prête à s'incliner devant la loi et à ouvrir ses livres au Fisc avec loyauté et sincérité, il se trouve cependant une minorité qui a cru plus habile de recourir à la fraude pour tenter de diminuer les chiffres de l'imposition.

Les agents du Fisc se sont montrés très perspicaces et bien que peu habitués au début à la lecture des bilans et des comptabilités commerciales, ils ont, après des études dont on ne saurait trop les louer, vite saisi les points faibles. Ils ont demandé la communication de toute une série de documents qui leur a permis une étude préalable des déclarations, dans le silence des salles de Commissions, avant même d'avoir recours au contrôle sur place dans les livres.

DOCUMENTS DEMANDÉS PAR LES COMMISSIONS

La série des documents demandés en communication par les Commissions, comme annexes aux déclarations, est essentiellement variable.

Nous citerons la documentation suivante demandée généralement dans le département de la Seine-Inférieure, comme une documentation type et qui permet une étude singulièrement approfondie des dossiers :

Bilans et Comptes de profits et pertes des trois exercices d'avant-guerre et des exercices de guerre ;

tableaux des frais généraux ; } pendant
— des réserves légales et extraordinaires ; } ces
— des amortissements ; } mêmes
— des comptes de provisions créditées ; } exercices.
liste des effets moratoriés ;
tableau des créances douteuses ou difficilement recouvrables ;
— du contentieux ;
exemplaire des statuts, lorsqu'il s'agissait d'une Société.

A cette nomenclature il y aurait lieu d'ajouter :

1° *La copie des inventaires des stocks de matières premières et des marchandises fabriquées,* tant pour les exercices antérieurs à la guerre que pour les exercices de guerre avec l'indication de quantité, de poids et les prix unitaires. Les dépréciations directes sur le stock constituent en effet un mode d'amortissement généralement pratiqué qui a l'inconvénient de n'apparaître qu'à l'examen du livre des inventaires lui-même. Les Commissions pourront, avec l'aide des mercuriales ou avec des renseignements toujours faciles à recueillir, se rendre compte des prix cotés à l'inventaire et de leur rapport avec les cours réels de la période envisagée ;

2° *Les balances comptables de vérification :* c'est le relevé des soldes de tous les comptes qui permet aux comptables de s'assurer de l'exactitude et de la concordance des chiffres. Ces balances n'ont d'intérêt qu'au point de vue comptable, parce qu'elles donnent la certitude mathématique de l'exactitude des chiffres ; mais elles présentent, au point de vue de l'examen des bilans, un intérêt particulier qui est le suivant. Elles comportent la nomenclature de tous les comptes ouverts au Grand-Livre, sans aucune exception, puisque les totaux de cette balance doivent concorder avec les totaux du Livre-Journal. En parcourant la liste des comptes, les Commissions verront immédiatement s'il n'a pas été créé de compte de dissimulation des bénéfices sous une rubrique quelconque. Il serait facile, en effet, à un fraudeur de faire apparaître un compte de frais généraux qui ne comporterait que des dépenses normales et d'ouvrir un autre compte qui comporterait des écritures de dissimulation. L'existence de ces comptes sera facile à démasquer par l'examen attentif de la balance dont s'agit.

COMPTE DES FRAIS GÉNÉRAUX

En étudiant ces comptes, les Commissions préviendront les fraudes suivantes : diminution des bénéfices réels par des écritures de frais généraux inexistants, ou l'attribution à certaines personnes d'appointements qu'elles n'ont pas touchés, — ou encore par le debit à ce compte d'achats de matériel et de mobilier qui représentent une valeur réelle et qui devraient faire l'objet d'un poste à l'actif et d'un amortissement au passif. — Les agents du Fisc devront donc exiger la communication des états de paiements mensuels et vérifier, par sondages, le livre de paie lui-même, bien qu'en ce qui concerne le premier exercice de l'impôt (1er août 1914 - 31 décembre 1915), la fraude soit plus dificile, à raison du fait que les contribuables n'ont été vraiment avertis de la menace de l'impôt sur les bénéfices de guerre qu'à partir du 13 janvier 1916. Si donc les comptabilités sont régulières et si les livres de commerce ont été visés conformément à la loi, il y a de grandes chances que, pour cet exercice tout au moins, les fraudes soient peu nombreuses. Mais les agents du Fisc n'oublieront pas que les fraudeurs n'éprouvent aucune difficulté à refaire entièrement une comptabilité, quand l'intérêt en jeu en vaut la peine.

Ces communications, certifiées conformes par le déclarant, sont absolument légitimes. Les Commissions ont le droit, comme nous l'avons dit, de contrôler les livres sur place. Elles ont, par conséquent, le droit de s'en faire délivrer des extraits. Libre d'ailleurs au déclarant de déférer ou de ne pas déférer à ce désir. S'il se refuse à donner le document demandé, il est évident qu'il se met dans un bien mauvais cas et que tous les soupçons sont justifiés. Ces communications n'empêchent pas la Commission d'avoir le droit de contrôle sur place et de l'exercer quand bon leur semble. Mais elles ont l'avantage de préparer et de faciliter l'examen du dossier. Si le contrôle sur place apparait comme indispensable, il sera alors exercé avec le minimum de perte de temps, aussi bien pour la Commission que pour le contribuable.

COMPTES DE PROFITS ET PERTES

Les Commissions trouveront dans ces comptes dont il s'agit, notamment les indications suivantes : c'est à ce compte que figurent nombre d'écritures d'amortissement dont la Commission aura à étudier la sincérité. Chaque article de ce compte devra être examiné avec le plus grand soin et, au cas d'incertitude ou de doute, des explications complémentaires devront être demandées à l'intéressé de telle manière qu'aucune écriture n'échappe à l'investigation complète du Fisc.

CRÉATION DE PASSIF FICTIF

Enfin, il est indispensable que la Commission voie clairement, dans chaque comptabilité, le rôle effectif de tous les postes portés aux bilans et contrôle notamment les écritures relatives au passif dû à des tiers et exige qu'on lui représente les contrats de prêt ou les titres de créance. Il serait possible en effet, de recourir, pour frauder le Fisc à de nombreux expédients d'où dériverait un passif fictif.

De même il importe de vérifier le compte des fournisseurs, car en ne passant pas au crédit d'un fournisseur tel ou tel rabais important fait sur une facture, on ferait disparaître un chiffre égal de bénéfices. Si la contribution devait subsister pendant de longues années, cette fraude ne serait pas possible, parce qu'il arriverait toujours un moment où il faudrait solder les comptes. Mais la contribution étant essentiellement provisoire ; rien n'empêcherait donc un fraudeur de laisser au passif une somme qui n'est plus due et de ne la contre-passer que lorsque les vérifications comptables ne seront plus possibles. Des achats simulés auraient même résultats ; ils grossissent les dépenses et diminuent l'actif. — C'est encore un passif fictif.

SANCTIONS PÉNALES

Heureusement toutes ces fraudes ont été prévues. Des sanctions pénales sévères attendent les contribuables qui, en employant des manœuvres frauduleuses pour se soustraire en totalité ou en partie à l'établissement de la taxe, auront par l'emploi d'une de ces manœuvres dissimulé ou tenté de dissimuler leurs bénéfices. C'est un emprisonnement de trois mois à deux ans et une amende de 500 à 2.000 francs ou une de ces deux peines seulement. Cependant les fraudeurs peuvent avoir droit au bénéfice des circonstances atténuantes telles que les précise l'article 463 du Code pénal.

SANCTIONS CIVILES

La loi a également prévu le cas où le contribuable aurait, pour éluder le paiement de l'impôt, passé des actes en apparence réguliers, soit pour se rendre insolvable, soit pour transférer à des insolvables le bénéfice de tout ou partie des contrats qu'il a souscrits. Le Fisc usant de ses droits peut faire prononcer par les tribunaux civils l'annulation de tous les actes faits en fraude depuis le 18 janvier 1916 et invoquer à son profit le bénéfice de l'article 1167 du Code civil qui vise justement cette situation et permet aux créanciers d'attaquer en leur nom personnel les actes que leurs débiteurs ont fait pour léser leurs droits.

SECRET PROFESSIONNEL

Les règles relatives au secret qui ont été édictées à propos de l'impôt général sur le revenu se retrouvent dans la loi sur les bénéfices de guerre. Tous les avis, toutes les communications échangées entre les agents de l'Administration, d'une part, — ou par eux adressés, d'autre part, aux contribuables, — doivent être transmises sous enveloppe fermée.

Toutes les personnes appelées à l'occasion de leurs fonctions, ou de leurs attributions, à intervenir dans l'établissement, la perception ou le contentieux de l'impôt, sont tenues au secret professionnel dans les termes de l'article 378 du Code pénal.

« Les médecins, chirurgiens et autres officiers de santé, ainsi que les pharmaciens, sages-femmes et toutes autres personnes dépositaires par état, ou profession, de secrets qu'on leur confie qui, hors les cas où la loi les oblige à se porter dénonciateurs, auront révélé ces secrets, seront punis d'un emprisonnement d'un an à six mois et d'une amende de cent à cinq cents francs » (art. 378 C. P.).

« La loi les oblige à se porter dénonciateurs » lorsqu'elles ont été témoin d'un attentat soit contre la sûreté publique, soit contre la vie ou la propriété d'un individu. Comme cette hypothèse ne se présentera pas dans les questions qui nous préoccupent, le secret professionnel est donc absolu.

CRIMES, DÉLITS, CONTRAVENTIONS ET FRAUDES DÉCOUVERTS PAR LES COMMISSIONS

Partant, les agents du Fisc qui trouveront, notamment lors des vérifications sur place, la preuve d'un crime de concussion (commissions qui auraient été données pour acheter des faveurs ou des influences), d'un délit ou d'une contravention, ne pourront en aucun cas en faire état et seront contraints de ne les jamais révéler sous peine de violer le secret professionnel et de s'exposer à un emprisonnement d'un an à six mois ou d'une amende de 100 à 500 francs. Si même une instruction était ouverte, ils ne pourraient déposer comme témoins, car l'obligation au secret professionnel est absolue et d'ordre public et la révélation n'en peut être autorisée par personne. Que les consciences inquiètes se rassurent donc.

EXTRAITS DU ROLE

Les contribuables ne peuvent se faire délivrer que les extraits du rôle de l'impôt qui les concerne personnellement. On sait, en effet, qu'en règle générale, un particulier peut demander à son percepteur tel ou tel extrait du rôle concernant les contributions de tel ou tel autre contribuable. Il n'en est plus de même en ce qui concerne les bénéfices de guerre et ce, à raison du caractère éminemment confidentiel de cette taxe. Le contribuable ne peut, comme en matière d'impôt général sur le revenu, réclamer que l'extrait de sa propre cotisation.

SECRET DES COMMUNICATIONS ET FRANCHISE POSTALE

Toutes les communications des agents de taxations ou de recouvrement doivent être adressées aux contribuables sous pli fermé. Les particuliers n'ont pas la franchise postale par correspondance avec les agents du Fisc ou les Commissions.

CHAPITRE XIV

LA CONTRIBUTION EXTRAORDINAIRE SUR LES BÉNÉFICES DE GUERRE ET LES SOCIÉTÉS ANONYMES

RÉSERVES ET AMORTISSEMENTS

La contribution extraordinaire sur les bénéfices de guerre soulève de nombreuses questions juridiques, surtout dans les Sociétés anonymes. D'une part, cette contribution ne pouvait pas être prévue quand le pacte social a été dressé. D'autre part, l'effet rétroactif de la loi du 1er juillet 1916 a créé dans nombre de cas des situations très délicates.

Les principales questions sont notamment les suivantes :

CALCUL DES TANTIÈMES DES EMPLOYÉS INTÉRESSÉS

Le calcul de la participation aux bénéfices des ouvriers, employés et directeurs intéressés doit-il être fait avant ou après la déduction de l'impôt de guerre? La situation de fait est la suivante :

Voici une Société anonyme qui, pendant une période d'imposition a réalisé un bénéfice de 5 millions. Par hypothèse, la somme due pour l'imposition de guerre s'élève à deux millions. Est-ce sur le chiffre de trois millions ou de cinq millions que doivent être calculés les tantièmes dus aux directeurs, employés et ouvriers intéressés? La question est tranchée dans un sens ou dans l'autre suivant qu'on admet que les tantièmes dus aux ouvriers, employés et directeurs intéressés sont ou non déductibles des bénéfices. Il paraît absolument certain que l'Administration ne s'opposera pas à cette déduction et que par conséquent ces tantièmes constituent un passif. Ils doivent donc être calculés sur l'intégralité du bénéfice avant la déduction de l'impôt de guerre.

L'impôt de guerre, par conséquent, ne touche pas et ne frappe pas cette catégorie d'ouvriers, employés et directeurs intéressés aux bénéfices.

TANTIÈMES DU CONSEIL D'ADMINISTRATION

Il n'en est pas de même en ce qui concerne le prorata de bénéfices réparti entre les membres du Conseil d'administration.

Le Fisc n'admet pas la déduction des tantièmes dus aux Administrateurs et partant calcule l'impôt de guerre sur la totalité des bénéfices sans aucune déduction de ce chef.

Les Administrateurs sont-ils fondés à soutenir vis-à-vis de la Société que peu leur importe la solution donnée par le Fisc, que l'allocation de leurs tantièmes est la rémunération de leur travail et de leur concours, que c'est en partie grâce à ce concours et à ce travail que la Société a réalisé des bénéfices exceptionnels et que ce serait léser leurs droits que de les soumettre indirectement à l'impôt de guerre. Peu leur importe qui bénéficie du résultat acquis : c'est sur le résultat acquis qu'ils doivent être payés.

Cette prétention soulève de sérieuses objections au point de vue juridique. D'une part, il ne peut pas y avoir de contrat entre le Conseil d'administration et la Société anonyme. L'assemblée générale reste toujours maîtresse de la distribution des bénéfices réalisés. D'autre part, le sort des membres du Conseil d'administration est intimement lié au sort des actionnaires. Ils ont bénéficié des circonstances tout à fait exceptionnelles qui portent déjà leurs tantièmes à un chiffre non atteint pendant le temps de paix. Il est tout naturel qu'ils participent à la contribution de guerre qui est une charge corrélative des bénéfices importants réalisés pendant la période de guerre. Il serait difficile d'admettre que cette charge retombât exclusivement sur les seuls actionnaires.

TANTIÈMES DES ADMINISTRATEURS-DÉLÉGUÉS INTÉRESSÉS DANS LES BÉNÉFICES

La solution de la question serait beaucoup plus délicate en ce qui concerne l'Administrateur-Délégué qui, en plus de son traitement, tiendrait, du Conseil d'administration ou de l'assemblée générale, le droit à un pourcentage spécial sur le chiffre des bénéfices. Dans la mesure où ce pourcentage est la rémunération directe du travail de l'Administrateur-Délégué et constitue un traitement — bien qu'il ne puisse pas y avoir de contrat entre la Société et l'Administrateur-Délégué qui reste le mandataire des actionnaires et révocable *ad nutum*, — nous estimons qu'il serait injuste de lui faire supporter le poids de la contribution de guerre. Mais il s'agit là de questions d'espèce qui doivent être examinées, les statuts et délibérations du Conseil d'administration ou des assemblées générales en mains.

TANTIÈMES ALLOUÉS AUX APPORTEURS

Si les apporteurs qui ont constitué la Société se sont réservé un tantième spécial sur les bénéfices réalisés, c'est, en plus des actions qui leur ont été données en paiement de leurs apports, le complément du prix moyennant lequel ils ont rétrocédé leur entreprise à la Société elle-même. Il est difficile cependant d'admettre que leur sort puisse être différent du sort des membres du Conseil d'administration à ce point de vue; il y a là encore des questions d'espèce et d'interprétation du pacte social qu'il faut résoudre isolément.

PROVISIONS ET RÉSERVES. — DROIT PRIVATIF DES ADMINISTRATEURS ET DES EMPLOYÉS INTÉRESSÉS

En raison de la contribution de guerre, il est indispensable que nombre de Sociétés portent dans leurs comptes des réserves qui sont uniquement fiscales. Elles ne peuvent pas considérer comme des bénéfices définitivement acquis et frappés de l'impôt des sommes que l'éventualité d'un événement quelconque peut transformer en pertes. C'est ainsi que sont créées les réserves pour procès en cours, les réserves pour risques sur marchandises transportées, les réserves sur débiteurs moratoriés et autres.

Dans les bilans ordinaires des Sociétés anonymes, ces réserves ne seraient pas faites en temps de paix, la réserve de prévoyance faisant ordinairement face à l'ensemble de ces éventualités. Tous les intéressés à la répartition des bénéfices doivent-ils subir le contre-coup de ces réserves, être privés de la part de bénéfices qui, en temps normal, leur auraient été allouée. Ont-ils dès à présent un droit acquis sur les sommes ainsi mises en réserve? La question est fort intéressante.

Il s'agit notamment des employés intéressés qui peuvent ne pas demeurer au service de la Société et ne plus être ses collaborateurs le jour où les hostilités ayant cessé le compte de toutes ces réserves sera définitivement liquidé. Situation analogue en ce qui concerne les membres du Conseil d'administration qui peuvent être démissionnaires ou décédés. Faut-il admettre, à leur profit, un droit éventuel né dès à présent sur le sort des réserves dont s'agit qu'ils seraient autorisés à faire valoir ces droits le jour où partie de ces réserves pourra définitivement être distribuée.

La question doit être résolue indiscutablement par l'affirmative en ce qui concerne tous les employés, ouvriers et directeurs co-intéressés dans les bénéfices, tous ceux qui, en un mot, ne sont pas actionnaires. Un compte provisionnel peut même être ouvert à leur profit à cet effet dans les livres.

La question est beaucoup plus délicate en ce qui concerne les membres du Conseil d'administration. L'assemblée générale est, comme nous l'avons dit, libre de fixer définitivement vis-à-vis d'eux le quantum des bénéfices annuels. Si la réserve est fondée et justifiée, si l'assemblée a le droit de la créer, si elle est définitivement opposable au Fisc, elle doit évidemment être définitivement opposable également aux Administrateurs eux-mêmes. Ils ont pu profiter de la distribution des réserves créées avant la guerre, antérieurement à leur nomination comme Administrateurs de la Société, ils sont liés au sort social et ne paraissent avoir aucun droit privatif né et actuel sur l'avenir des réserves dont s'agit.

TANTIÈMES ET DIVIDENDES DISTRIBUÉS ANTÉRIEUREMENT A LA LOI

La loi du 1er juillet 1916 ayant eu un effet rétroactif, certaines Sociétés anonymes avaient tenu leurs assemblées générales, approuvé et apuré leurs comptes antérieurement à la promulgation de la loi. Nombre d'entre elles n'avaient pas prévu la contribution extraordinaire sur les bénéfices de guerre et, en conséquence, ont pu être amenées à répartir des sommes et à payer des dividendes que l'effet rétroactif de la loi amoindrit singulièrement.

Les dividendes payés ne sont pas des dividendes fictifs, car ils étaient à l'époque où ils ont été mis en distribution légitimement et définitivement acquis. Les actionnaires qui ont touché ne peuvent point être recherchés. Quant aux tantièmes payés aux ouvriers, employés et directeurs co-intéressés aux bénéfices, ainsi qu'aux apporteurs, la solution est identiquement la même. Ils ont légitimement touché et aucune répétition ne peut être effectuée à leur encontre.

La question est beaucoup plus délicate en ce qui concerne les membres du Conseil d'administration et il sera nécessaire de la soumettre aux assemblées générales qui auront à statuer à nouveau sur l'allocation faite au Conseil d'administration.

Partie technique — Bilans commentés

LE COMPTABLE ET LE CONTROLEUR

Bilan d'une Société anonyme de Distribution d'Eclairage et de Force Electrique

ACTIF	En millions
Concession :	
Terrains et canalisations	26.096
Installations	22.033
Domaine privé :	
Terrains et colonnes montantes	12.368
Compte spécial	7.737
Matériel, mobilier, outillage	97
Moteurs et compteurs	795
Recettes en recouvrement	1.622
Débiteurs divers	1.171
Avances à l'enregistrement	154
Portefeuille	559
Caisse et banquiers	2.707
Total	75.429

PASSIF	En millions
Capital	30.000
Obligations en circulation	23.822
— amorties	1.178
Intérêts courus sur obligations	253
Coupons restant à payer	202
Coupons à échéance de janvier	600
Fournisseurs	714
Provision pour matériel	4.318
Amortissements :	
Compte spécial statutaire	7.000
Concession	450
Réserve légale	1.480
Dividende de l'exercice	1.200
Amortissements actions	69
Report à nouveau	250
Prime sur émission de 1911	1.250
Domaine privé	1.450
Provision pour risques	1.013
Total	75.429

PROFITS ET PERTES

Frais généraux	386	Produits d'exploitation et divers	5.847
Exploitation et entretien	722	Reporté à nouveau	386
Impôts et redevances	334		
Obligations	1.194		
Redressement de non-valeurs	71		
Dépréciation d'inventaire	270		
Bénéfices — Provision pour risques	650		
Bénéfices — Amortissement sur compte spécial	300		
Bénéfices — Amortissement sur renouvellement de matériel	500		
Bénéfices — Amortissement sur concession	150		
Bénéfices — Aux actionnaires	1.260		
Bénéfices — Réserve légale	143		
Bénéfices — A nouveau	250		
Total	6.233	Total	6.233

Le capital engagé comprend : *capital, 30.000*. Il ne comprend pas « *obligations amorties 1.178* ». Comprend-t-il « *domaine privé ?* ». Le simple intitulé du poste ne permet pas de le déterminer *à priori*.

Amortissement d'actions est évidemment du bénéfice, mais ce compte n'a pas joué dans l'année.

« *Prime sur émission* » représente un bénéfice, mais un bénéfice non imposable.

Domaine privé doit correspondre à un amortissement qu'il faudra vérifier.

Provision pour risques est évidemment un bénéfice mis en réserve. Les écritures diront si cette réserve peut ou non être admise à titre provisoire, jusqu'à l'époque du compte du redressement, lors de la cessation de la contribution de guerre.

Au compte de profits et pertes : « *impôts et redevances* » devra être examiné pour vérifier s'il comporte ou non la contribution de guerre, ceci à partir des bilans de 1916, car la contribution de guerre n'est pas déductible du bénéfice, comme nous l'avons dit plus haut.

Redressement de non valeurs et *dépréciation d'inventaire*, *amortissement sur compte spécial*, *amortissement sur renouvellement du matériel*, *amortissement sur concession*, autant de postes qui tous représentent des bénéfices employés à des amortissements, — dans quelle mesure ces amortissements sont-ils des amortissements habituels d'outillage et de matériel déductibles? — autant de questions à contrôler. Il ne semble pas en tous cas que l'amortissement de la concession puisse être assimilé aux amortissements que le législateur a considérés comme déductibles. Il y a là une question de fait délicate.

Bilan de la Banque L. en commandite par actions

ACTIF	En millions
Caisse	1.642
Banque de France	2.279
Portefeuille	50.602
Reports	1.471
Débiteurs par avance sur titres	2.535
— en comptes courants	6.815
— en province et étranger	4.822
Créance litigieuses	173
Titres de la Caisse de prévoyance	167
Immeuble à B.	un franc
Total	70.510

PASSIF	En millions
Capital	10.000
Réserve	3.000
Dépôts à vue / Correspondants, banquiers / Créditeurs par reports	54.348
Effets à payer	1.237
Caisse de prévoyance des employés	175
Réescompte du portefeuille	274
Provision pour éventualités	1.000
Intérêts restant à payer	27
Intérêts du deuxième semestre à payer	200
Bénéfice de l'exercice	242
Pertes et profits, solde à nouveau	33
Total	70.510

PROFITS ET PERTES

	En millions
Intérêts	1.530
Total	1.530

		En millions
Frais généraux	429	703
Réescompte	274	
Intérêts à 4% capital		400
Provision pour risques en cours		181
6% aux employés		13
Actionnaires, gérance et reports		233
Total		1.530

Si la Banque avait fait des bénéfices de guerre, ce bilan poserait les questions suivantes :

Au passif, le prélèvement pour la *Caisse de prévoyance des employés* et le 6% qui leur est attribué dans les profits et pertes constituent-ils une dépense déductible ou un bénéfice? Oui, si c'est un supplément d'appointements; non, si c'est une libéralité. Il faut voir les textes qui ont créé ces réserves. Vraisemblablement il y aura à admettre en déduction le prélèvement pour la Caisse et à rejeter le 6%.

La provision pour éventualités ou pour *risques en cours* est le type de la réserve faite pendant les hostilités en vue de situations que les hostilités empêchent de connaître. Réserve déductible sauf modification lors du compte de redressements en fin de guerre.

Intérêts du 2me semestre, intérêts à 4% du capital et *bénéfice de l'exercice*, la comptabilité sépare ces deux postes; le contrôleur les considérera tous deux exclusivement comme du bénéfice.

Bilans comparatifs d'une entreprise privée

Chaudronnerie ayant pris des marchés de guerre

ACTIF

	30 oct. 1913	30 oct. 1914	28 fév. 1916	
Caisses et Banques.	23.472	136.830	285.408	»
Effets à recevoir...	141.691	106.038	»	»
Actions diverses...	131.170	131.170	125.570	»
Agence de recouvrements.........	52.985	91.612	5.000	»
Immeuble industriel	1.736.250	1.735.785	1.618.877	»
Clients.............	331.328	356.529	887.616	»
Marchandises à l'inventaire..........	451.823	523.799	977.337	»
Matériel et gros outillage à l'inventaire.	796.330	820.498	831.117	»
Petit outillage à l'inventaire..........	191.505	182.069	»	»
Mobilier de bureau à l'inventaire.....	25.590	30.910	29.386	»
Comptes d'ordre...	»	»	38.388	»
	3.896.147	4.122.160	4.831.699	»

PASSIF

	30 oct. 1913	30 [illegible] 1914	28 fév. 1916
Capital............	2.152.362	2 [illegible] 362	2.152.352
Compte courant P.	606.000	[illegible].000	1.222.900
Créanciers hypothécaires...........	650.000	[illegible].000	658.125
Prêteur F.........	122.900	[illegible].900	115.709
— Mad. F....	»	»	2.827
Banquier..........	»	»	30.121
Fournisseur.......	136.086	[illegible].890	217.667
Créditeurs divers..	86.819	[illegible]2.603	216.661
Bénéfices..........	141.950	[illegible]9.455	»
Report des bénéfices.............	»	[illegible]1.950	215.237
	3.896.147	[illegible]122.160	4.831.699

Le capital engagé est de : *Capital* 2.152.362 + *Compte courant F.* 1.[illegible]2.900. *Banquier*, 30.121, ne sont pas du capital engagé. Pour le *Banquier* c'est le montant d'effets p[illegible]sés à l'escompte avant la guerre, puis moratoriés et dont l'entreprise a été débitée. C'est un pass[illegible] temporaire, qui n'existera pas, si tous les moratoriés sont ultérieurement payés, poste sur le[illegible]l l'attention du contrôleur doit être attirée.

La moyenne des bénéfices d'avant-guerre — qui ne porte que sur deux exe[illegible]ces, y compris celui achevé au 30 octobre 1914 — en tenant même compte du fait que la maiso[illegible] été fermée le 1[er] août 1914 et n'a fonctionné que neuf mois, du 1[er] avril au 31 décembre 191[illegible] est inférieure à l'intérêt à 6 % des capitaux engagés en 1915. (209.455 + 141.950 = 351.405 : 2 = 175.702, tandis que 6 % de 4.151.923 = 249.114.)

La patente, y compris celle de fournisseur sur des marchés de 1.530.000 — patente élevée cependant — est aussi inférieure à l'intérêt à 6 % des capitaux, qui sera évidemment le forfait choisi.

La maison n'apparait pas comme ayant fait des bénéfices pendant la guerre, parce qu'elle a rectifié une position fausse de son actif. On y laissait figurer sous le titre " Agence de recouvrements " les mauvais débiteurs pour la totalité de la dette. On a donc amorti de ce chef 158.205 fr. au bilan du 28 février 1916. Est-ce un amortissement autorisé? Il vise des créances irrécouvrables, mais il n'était pas un des amortissements habituels de la maison, qui n'en faisait aucun. Nous n'hésiterions cependant pas à soutenir l'affirmative devant la Commission.

Même situation pour les amortissements normaux de l'immeuble et du matériel. Ils figurent en 1916 pour 259.469 fr., sans qu'il y ait de précédent.

Aucun amortissement exceptionnel n'est compté, l'usine n'ayant pas travaillé plus de dix heures par jour.

Tous les aménagements spéciaux à la guerre — de peu de valeur d'ailleurs — ont été passés directement par frais généraux. La Commission doit s'en rendre compte en exigeant toujours la copie in-extenso du compte « Frais Généraux », mais ne semble pas pouvoir le critiquer l'écriture, — si l'aménagement n'a vraiment plus aucune valeur réelle.

Le contrôleur devra se faire présenter le livre de paie, car cette usine a été fermée depuis août 1914 jusqu'à avril 1915: le bénéfice acquis au 28 février 1916 — sauf amortissements — est donc le fruit de onze mois de travail et non de seize mois, qui est le délai écoulé entre les deux bilans. Il correspond donc à un bénéfice annuel supérieur de 1/11me au chiffre indiqué.

Cette maison avait passé avant la guerre un marché important de chaudières à eau chaude, qu'elle s'était engagée à fournir à un chiffre correspondant aux prix de revient de l'époque, mais le prix de la tôle d'acier a plus que triplé. Aux termes de la loi actuelle, la guerre n'est pas un cas de force majeure et la maison reste, en théorie, obligée à livrer. Peut-elle créer un poste de provision à cet effet? Évidemment oui, jusqu'à la promulgation de la loi qui modifiera ce principe du Code.

Elle a exécuté une installation importante de chaufferie qui lui a été refusée : un procès en résiliation de marché est en cours. Elle est donc exposée à perdre le solde de ce que doit le client — solde dont celui-ci est débité et qui figure au groupement «Clients» à l'actif, et à payer des dommages et intérêts dont le chiffre en demande est important, ce que ne reflète pas le passif du bilan -- d'où la nécessité d'ouvrir un poste " *provision pour procès en cours* " qui viendra diminuer provisoirement le bénéfice supplémentaire imposable.

Elle avait, avant les hostilités, commandé en Allemagne, payables sur wagon, des marchandises qui ont été vraisemblablement expédiées en juillet 1914, puisqu'elle en a reçu facture au départ. Les marchandises ne sont pas arrivées et n'arriveront sans doute jamais. Avaient-elles franchi la frontière? On l'ignore. Qui supportera ce risque? La maison allemande qui a livré, qui n'avait pas juridiquement le risque de transport, n'aura-t-elle pas le droit de réclamer son dû? Quant aux Compagnies de chemins de fer, elles invoqueront le cas de force majeure, d'où perte éventuelle pour la maison française et nécessité d'ouvrir un autre compte de *Provision pour éventualités de guerre.*

Une maison allemande, ayant son représentant à Paris, avait placé en location-vente, dans l'usine, une installation des plus complètes de téléphonie privée, avec contrat de dix ans. Le séquestre n'exige pas le paiement de la redevance, bien qu'il l'ait réclamée. Après la guerre, la maison française pourra-t elle refuser l'exécution de son contrat, comme elle en ressent le désir pour ne pas avoir de relations avec l'ennemi, ou bien, sera-t-elle exposée à des dommages et intérêts en cas de non-exécution, surtout si la maison ennemie passe son actif à une Société formée dans un pays neutre? Question douteuse, d'où possibilité de créer en comptabilité une réserve de ce chef.

Cette maison avait acheté en 1914 un camion-automobile qui a coûté 24.375 francs; il a été réquisitionné dès le début des hostilités et payé par l'État 13.435 francs, d'où une perte de 10.940 fr. qui doit incomber à l'exercice comptable se terminant à fin décembre 1915. Toutefois, comme ce camion aurait dû être amorti au bilan du 30 octobre 1914 d'au moins 10 %, la perte déductible n'est à notre avis que de : 24.375 fr. — 2.437 fr. = 20.938 fr. — 13.435 fr. = 8.503 fr. La maison a acheté en 1915 un nouveau camion exactement du même modèle, mais a dû subir une hausse de 20 %; elle a payé net, escompte déduit: 29.000 francs. Ce camion supporte une *surprime de matériel acquis pendant la guerre*, surprime qui est égale à 29.000 fr. — 24.375 fr. = 4.625 fr. Cette surprime doit être amortie au cours même des hostilités, en sus de l'amortissement annuel du camion lequel s'il porte sur dix ans sera donc de 29.000 fr. — 4.625 fr. = 24.375 fr.: 10 — 2.437 fr. 50 par an. L'exercice de 1915 doit donc comprendre dans les amortissements:

l'amortissement pour surprime de matériel acquis pendant la guerre : 4.625 fr.

l'amortissement habituel du matériel et de l'outillage sur camion automobile : 2.437 fr. 50.

La maison a porté au débit du compte *Profits et Pertes* les intérêts du capital et les intérêts dus aux divers prêteurs (5 % au capital, 6 % au compte courant, 4 1/2 % aux créanciers hypothécaires et 7 % aux prêteurs F... et Mme F...). Ces sommes sont déductibles au bénéfice brut, sauf les intérêts du capital lui-même qui constituent un bénéfice imposable comme nous l'avons expliqué. Bien que le taux des intérêts dus aux divers prêteurs soit variable, le calcul du bénéfice normal par forfait de 6 % est toujours possible, autre chose est l'intérêt réel dû aux capitaux empruntés, autre chose le forfait qui détermine *in abstracto* un bénéfice théorique de base. Le forfait, encore une fois, est un moyen empirique d'évaluer les bénéfices que, normalement en temps de paix, l'entreprise aurait pu réaliser. Le législateur les évalue à une somme égale à six pour cent du capital engagé, quel que soit le taux payé dans la réalité aux prêteurs. Il importe qu'aucune confusion ne puisse naître de ce chef.

BN · NATIONALE · IMPRIMÉS

ANNEXES

LOI DU 1er JUILLET 1916[*]

Concernant l'Établissement d'une Contribution extraordinaire sur les Bénéfices exceptionnels ou supplémentaires réalisés pendant la Guerre

Le Sénat et la Chambre des Députés ont adopté,
Le Président de la République promulgue la loi dont la teneur suit :

Période d'application de la Contribution. — Personnes et Sociétés assujetties.

Article Premier. — § I. — Il est institué une contribution extraordinaire sur les bénéfices exceptionnels ou supplémentaires provenant des opérations ci-après définies, réalisés depuis le 1er août 1914 jusqu'à l'expiration du douzième mois qui suivra celui de la cessation des hostilités :

§ II. — Par les personnes non patentées, — exception faite des agriculteurs vendant leur récolte à l'État, — ayant passé des marchés, soit directement, soit comme sous-traitants, pour des fournitures destinées à l'État ou à une administration publique, et par toutes personnes ayant accompli un acte de commerce à titre accidentel ou en dehors de leur profession en vue du même objet ;

§ III. — Par les personnes patentées ou non, ayant prêté leur concours pécuniaire ou leur entremise moyennant rémunération, redevance ou commission, pour la conclusion d'un marché avec l'État ou une administration publique ;

§ IV. — Par les sociétés et les personnes passibles de la contribution des patentes, dont les bénéfices ont été en excédent sur le bénéfice normal ;

§ V. — Par les exploitants d'entreprises assujetties à la redevance proportionnelle prévue par l'article 33 de la loi du 21 avril 1810.

Assiette de la Contribution extraordinaire. — Calcul du bénéfice imposable.

Article 2. — § I. — La contribution extraordinaire est établie en prenant pour base l'excédent du bénéfice net respectivement obtenu pendant la période s'étendant du 1er août 1914 au 31 décembre 1915 et pendant chacune des années suivantes — sur le bénéfice normal constitué par la moyenne des produits nets réalisés au cours des trois exercices antérieurs au 1er août 1914.

§ II. — Si la période pendant laquelle ont été réalisées, antérieurement au 1er août 1914, les opérations du contribuable visées à l'article premier ne comprend pas trois exercices, le bénéfice normal est calculé d'après la moyenne des résultats pendant cette période.

---

[*] *Journal Officiel* de la République Française du 2 juillet 1916.

Bénéfice normal de base

§ III. — Le bénéfice normal ne peut en aucun cas, même si le contribuable n'a réalisé d'opérations qu'à partir du 1er août 1914, être évalué à une somme inférieure ni à 5.000 francs, ni à six pour cent des capitaux réellement engagés par lui et rémunérés dans ses entreprises, tels qu'ils résultent d'actes, de livres de commerce régulièrement tenus ou d'autres preuves certaines.

§ IV. — Pour la comparaison du bénéfice normal avec celui qui a été réalisé au cours de la période de guerre, les bénéfices à comparer sont constitués par la totalisation des produits nets des diverses entreprises exploitées en France par un même contribuable, sous déduction, s'il y a lieu, des pertes résultant d'un déficit d'exploitation dans certaines de ces entreprises.

§ V. — En ce qui concerne la période du 1er août 1914 au 31 décembre 1915, la comparaison avec le bénéfice normal annuel est faite après avoir majoré celui-ci de cinq douzièmes.

§ VI. — Pour la comparaison du bénéfice réalisé au cours de la dernière période d'imposition avec le bénéfice normal, celui-ci sera, s'il y a lieu, majoré ou diminué d'un nombre de douzièmes égal à la différence entre le nombre de mois compris dans ladite période et un exercice annuel.

Produit net de Guerre

Article 3. — § I. Le produit net, en période de guerre, est calculé en établissant le bilan, pour chaque entreprise, suivant les règles antérieures propres à cette entreprise, notamment en déduisant, s'il y a lieu, la somme nécessaire à la réserve légale et celles qui sont habituellement réservées à l'amortissement des bâtiments et du matériel.

§ II, III et IV. — Sont, en outre, déduites du bénéfice supplémentaire établi comme il est dit ci-dessus, pour obtenir le bénéfice imposable, sous réserve de la revision prévue au troisième paragraphe de l'article quinze :

1° Les sommes destinées aux amortissements supplémentaires nécessités soit par les dépréciations exceptionelles du matériel résultant d'une prolongation de la durée journalière du travail normal, soit par le fait d'installations ou de dépenses spéciales effectuées en vue de fournitures de guerre ;

2° Les sommes correspondant à l'intérêt à six pour cent des capitaux employés dans les entreprises situées en pays envahi ou sinistrées et à l'amortissement habituel de ces entreprises.

§ V. — Aucune déduction ne sera opérée au profit de l'intermédiaire qui se sera contenté de rétrocéder un contrat en prélevant une remise.

Procédure de la déclaration

Article 4. — Tout contribuable désigné au deuxième ou au troisième paragraphe de l'article premier produira, dans les deux mois qui suivront le soixantième jour après la promulgation de la loi, la déclaration du bénéfice exceptionnel par lui réalisé, pendant la période s'étendant du 1er août 1914 au 31 décembre 1915, comme fournisseur ou intermédiaire, sous déduction de 5.000 francs, en indiquant à quel titre il a réalisé ce bénéfice.

La même déclaration sera faite, pour les années suivantes, dans les trois mois qui suivront le 31 décembre de chaque année.

Article 5. — Tout patenté ou tout exploitant de mines, visé au quatrième ou au cinquième paragraphe de l'article premier, astreint à la contribution instituée par la présente loi, produira, pour les périodes indiquées et dans les délais prévus à l'article précédent, une déclaration comportant, pour chacune de ses exploitations :

Obligation de déclarer

1° Le bénéfice net réalisé pendant la période à laquelle se rapporte l'imposition ;

2° Le montant du bénéfice normal ;

3° L'excédent constituant le bénéfice supplémentaire ;

4° Les sommes déduites pour la réserve légale et pour les amortissements habituels, en vertu du premier paragraphe de l'article trois.

S'il ne veut ou ne peut fournir les éléments nécessaires à la détermination du bénéfice normal, il évaluera celui-ci à une somme égale à trente fois le principal de la patente*, sans que cette somme puisse être inférieure ni à 5.000 francs, ni à six pour cent des capitaux réellement engagés dans les entreprises.

Le contribuable indiquera, en outre, s'il y a lieu, dans sa déclaration, les sommes à déduire du bénéfice supplémentaire :

1° Pour les pertes d'exploitation visées au quatrième paragraphe de l'article deux ;

2° Pour les déductions autorisées par les paragraphes deux et suivants de l'article trois.

Lorsque le bénéfice net réalisé pendant la période à laquelle se rapporte l'imposition n'excédera pas le montant du bénéfice normal, le contribuable aura la faculté de faire une déclaration simplement négative.

Article 6. — Les délais impartis pour les déclarations prévues à l'article cinq pourront être prolongés, par décision du directeur général des contributions directes, sur la demande du contribuable dont le bilan annuel est habituellement établi sur une période de douze mois ne coïncidant pas avec l'année normale.

Prolongation des délais

Dans le cas visé au paragraphe précédent, comme pour la période du 1er août 1914 au 31 décembre 1915, le bénéfice supplémentaire sera calculé à l'aide des deux bilans intéressant l'exercice imposable, en prenant dans chacun de ces bilans le nombre de mois compris dans l'exercice d'imposition.

En dehors des cas visés ci-dessus, un décret fixera les conditions dans lesquelles les délais supplémentaires seront accordés aux contribuables, mobilisés ou non, qui se trouveraient empêchés de souscrire leur déclaration dans les délais et conditions indiqués aux articles quatre et cinq.

---

* Voir plus loin *Loi du 2 juin 1917* relative à la patente servant de base au calcul de bénéfice normal forfaitaire.

Les déclarations sont rédigées sur ou d'après des formules déposées dans les mairies, dûment certifiées par les déclarants et adressées au directeur des contributions directes du département où se trouve située la commune du principal établissement ou du siège social des personnes ou des Sociétés intéressées. Elles peuvent être produites par mandataires. Il en est délivré récépissé.

Examen des déclarations. — Commission du premier degré.

Article 7. — Les déclarations sont soumises à l'examen d'une commission siégeant au chef-lieu de chaque département et comprenant :

Le trésorier payeur général ;

Le directeur des contributions directes et du cadastre ;

Le directeur des contributions indirectes ;

Le directeur de l'enregistrement, des domaines et du timbre.

Dans le ressort de chaque direction des douanes, le directeur ou un agent supérieur par lui délégué fait également partie de la commission.

Celle-ci est présidée par le chef de service le plus ancien en grade.

Un agent des contributions directes désigné par le directeur remplit les fonctions de secrétaire avec voix délibérative.

Plusieurs commissions peuvent, s'il est nécessaire, être constituées dans un même département, en vertu d'un arrêté du ministre des finances, qui fixe le siège et la circonscription de chacune d'elles. Dans ce cas, les chefs de service ci-dessus visés désignent respectivement un agent supérieur de leur administration pour faire partie de la commission ou des commissions où ils ne siègent pas personnellement et chaque commission est présidée par le fonctionnaire le plus élevé ou le plus ancien en grade.

La commission règle elle-même les jours et heures de ses séances ; elle est convoquée par son président.

Les décisions sont prises à la majorité des voix ; en cas de partage égal des voix, celle du président est prépondérante.

La présence de quatre membres au moins est nécessaire à la validité des décisions.

Procédure du contrôle

Article 8. — La commission examine les déclarations ; elle peut entendre les intéressés et se faire communiquer par eux, ainsi que par les administrations de l'État, des départements et des communes, tous documents nécessaires pour établir les bases d'imposition.

Elle peut faire procéder, par l'un ou l'autre des services financiers, à des vérifications sur place, en présence des intéressés ou ceux-ci dûment appelés.

Si la commission n'accepte pas la déclaration, le contribuable est invité, par lettre recommandée indiquant les points contestés, à se faire entendre dans le délai d'un mois.

Le contribuable peut faire parvenir à la commission, dans le délai ci-dessus, par lettre recommandée, son acceptation ou ses observations.

Ces formalités remplies, la commission fixe les bases de la contribution. L'intéressé peut, dans le délai d'un mois à partir du jour où il a reçu notification de la décision motivée de la commission, avertir l'administration qu'il maintient sa déclaration ; le litige est alors porté devant la commission supérieure.

Article 9. — § I. — Le contribuable qui n'aura pas produit sa déclaration dans les délais impartis par les articles quatre et cinq de la présente loi sera, après mise en demeure suivie d'un nouveau délai d'un mois, imposé par voie de taxation d'office.

Taxation d'office.

§ II. — Le contribuable pourra répondre à la mise en demeure, dans le délai ci-dessus, par la déclaration négative prévue à l'article cinq, s'il ne se croit pas imposable.

§ III. — La taxation sera établie par la commission ;

Pour les contribuables non patentés, à l'aide des éléments recueillis par les services publics et notamment par l'examen des marchés :

Pour les assujettis à la redevance des mines, par la comparaison du produit net, servant de base à la redevance proportionnelle et correspondant à chacune des périodes d'imposition à laquelle s'applique la contribution, avec la moyenne du produit net correspondant aux trois exercices antérieurs au 1er août 1914 ;

Pour les Sociétés soumises à la publication de leurs bilans, par la comparaison des bilans des trois exercices antérieurs au 1er août 1914 avec celui de l'exercice imposable ;

Pour les patentés et les Sociétés non soumises à la publication de leurs bilans, d'après les éléments dont dispose la commission.

§ IV. — Elle peut faire procéder par l'un ou l'autre des services financiers à des vérifications sur place en présence des intéressés ou ceux-ci dûment appelés.

§ V. — En aucun cas, le bénéfice normal ne peut être évalué à une somme inférieure à 5.000 francs, ni à trente fois le principal de la patente *, ni à six pour cent du capital engagé.

Article 10. — La taxation établie sera notifiée au contribuable par l'administration des contributions directes par lettre recommandée. La notification devra faire connaître à l'intéressé pour chacune de ses exploitations les chiffres arrêtés en ce qui concerne :

1° Le bénéfice fixé pour la période à laquelle se rapporte l'imposition ;

2° La déduction opérée à titre de bénéfice normal ;

3° L'excédent constituant la base de la taxation.

Le contribuable taxé d'office ne peut contester la taxation devant la commission d'appel, dans le délai imparti par l'article huit, qu'en apportant toutes les justifications de nature à faire la preuve du chiffre exact de ses bénéfices exceptionnels ou supplémentaires.

Pour les entreprises visées au cinquième paragraphe de l'article premier, le bénéfice imposable est établi d'après le produit net servant de base à la redevance proportionnelle.

Article 11. — § I. — Dans le délai d'un mois à partir du jour où elles ont reçu notification des décisions de la commission du premier degré, les personnes ou Sociétés intéressées peuvent faire appel de ces décisions.

Procédure de l'appel. — Commission supérieure.

§ II. — Dans le même délai, le directeur des contributions directes peut faire appel de toute décision de la commission qu'il juge contraire aux droits du Trésor.

---

* Voir plus loin *Loi du 2 juin 1917* relative à la patente servant de base au calcul du bénéfice normal forfaitaire.

§ III. — Ces appels sont portés devant une commission supérieure, siégeant au ministère des finances et comprenant :

Un président de section du Conseil d'État, désigné par le ministre de la justice et remplissant les fonctions de président de la commission;

Deux conseillers d'État en service ordinaire, également désignés par le ministre de la justice;

Deux conseillers maîtres à la Cour des comptes, désignés par le ministre des finances;

Deux inspecteurs des finances, désignés par le ministre des finances;

Le directeur général des contributions directes et un administrateur des contributions directes, désignés par le ministre des finances;

Six membres désignés par la réunion des présidents des chambres de commerce ou, à défaut, par le ministre du commerce et de l'industrie.

§ IV. — Des auditeurs au Conseil d'État désignés par le ministre de la justice et des auditeurs à la Cour des comptes désignés par le ministre des finances peuvent être adjoints à la commission en qualité de rapporteurs.

§ V. — Les fonctions de secrétaire seront remplies par un ou plusieurs employés supérieurs de la direction générale des contributions directes désignés par le ministre des finances.

§ VI. — La commission supérieure peut se diviser en deux sections dont chacune comprendra, en outre du président de section du Conseil d'État, un conseiller d'État, un conseiller maître à la Cour des comptes, un inspecteur des finances, l'un des deux fonctionnaires des contributions directes désignés par le ministre des finances, trois des membres désignés par la réunion des chambres de commerce et de l'industrie.

§ VII. — La commission supérieure statue sur mémoires; ses décisions qui doivent être motivées, sont rendues définitivement et en dernier ressort; elles ne peuvent être attaquées que pour excès de pouvoir ou violation de la loi devant le Conseil d'État.

§ VIII. — Un décret déterminera les conditions du fonctionnement de la commission et l'organisation des sections ci-dessus prévues.

Taux de la contribution extraordinaire. — Pénalités fiscales en cas de taxation d'office et de déclaration insuffisante.

Article 12. ¹ — L'impôt est calculé :

Pour les bénéfices exceptionnels réalisés par les personnes désignées au deuxième ou au troisième paragraphe de l'article premier, en leur appliquant le taux de cinquante pour cent.

Pour les bénéfices supplémentaires des Sociétés et des personnes passibles de la contribution des patentes ou de la redevance des mines, visées au quatrième ou au cinquième paragaphe de l'article premier, en appliquant le taux de cinquante pour cent à la portion de bénéfice excédant 5.000 francs. (*Voir* la loi du 30 décembre 1916.)

Article 13. — Lorsque la déclaration du contribuable sera reconnue insuffisante, la contribution correspondant à la fraction du bénéfice supplémentaire non déclarée sera

¹ Voir plus loin : Loi du 30 déc. 1916 et aussi le projet de loi du Gouvernement (*Juin 1917*).

majorée de moitié, si toutefois cette fraction est supérieure à dix pour cent du bénéfice total. Dans ce cas, la charge de la preuve, devant la commission instituée par l'article onze, incombe à l'administration.

Toutefois, la pénalité prévue au paragraphe précédent ne sera pas applicable lorsque l'erreur aura été commise de bonne foi.

Article 14. — Les droits afférents au bénéfice imposable seront majorés de dix pour cent à l'égard de tout contribuable qui n'aura pas souscrit de déclaration dans les délais prévus à l'article quatre.

Rôles supplémentaires.

Article 15. — Toute omission relevée par l'administration des contributions directes pourra être réparée jusqu'à expiration de l'année qui suivra celle de la cessation des hostilités.

La commission instituée par l'article sept de la présente loi fixera les bases de l'imposition supplémentaire, suivant la procédure indiquée à l'article huit et sous réserve du droit d'appel prévu au même article.

Revision des amortissements en fin de guerre.

Lorsque les sommes mises en réserve pour les amortissements de bâtiments, de matériel d'outillage ou de créances irrécouvrables, seront reconnues exagérées par la commission, l'excédent sera considéré comme bénéfice supplémentaire réalisé pendant la dernière année d'imposition.

Par contre, lorsque, sur réclamation du contribuable jointe à sa déclaration pour la dernière année d'imposition, lesdites sommes seront reconnues insuffisantes par la commission, la différence sera imputable au dernier exercice imposable.

Délais de paiement et détaxes.

Article 16. — Les rôles de la contribution extraordinaire sont établis et le recouvrement en est poursuivi comme en matière de contributions directes.

Le paiement des cotisations est exigible par quart, de deux mois en deux mois, à partir du premier jour du mois qui suit la publication du rôle pour l'impôt afférent à la période du 1er août 1914 au 31 décembre 1915, et de trois mois en trois mois pour les autres exercices.

Toutefois, pour toutes les Sociétés ou les personnes patentées ou passibles de la redevance des mines visées aux paragraphes quatre et cinq de l'article premier, les deux derniers quarts de la contribution afférente à chaque exercice d'imposition ne seront exigibles que six mois après l'expiration du dernier exercice de la période pour laquelle la contribution extraordinaire est instituée. Dans ces six mois, en cas de déficit, par rapport au bénéfice normal, révélé par un des bilans de la période de guerre, le contribuable aura droit, sur la présentation de toutes ses feuilles d'imposition relatives à la contribution, à une détaxe correspondant à l'importance de ce déficit. La détaxe sera calculée en appliquant au montant de ce déficit la moyenne des taux effectifs des contributions des différents exercices.

Le montant de la détaxe sera déduit de celui des impositions restant dues sur les exercices précédents, sans qu'en aucun cas il puisse avoir lieu à répétition au bénéfice du contribuable.

Améliorations et extensions.

Article 17. — Les Sociétés, les personnes passibles de la contribution des patentes, ainsi que les exploitants d'entreprises assujetties à la redevance proportionnelle de l'article 33 de la loi du 21 avril 1810, qui justifieront avoir employé avant le 1er avril 1916 en améliorations ou extensions de leur entreprise une partie ou la totalité des bénéfices exceptionnels ou supplémentaires taxés par la présente loi, pourront être autorisés à s'acquitter des impôts afférents aux bénéfices ainsi employés en trois annuités, le point de départ de ces annuités étant l'année d'émission des rôles.

Ces autorisations seront accordées, après examen des justifications visées au paragraphe précédent, par la commission instituée par l'article sept et sauf recours devant la commission supérieure dans les conditions prévues à l'article onze.

Pour l'exercice du privilège du Trésor et pour l'application de la prescription triennale, chacune des annuités sera considérée comme une contribution distincte afférente à l'année pendant laquelle elle est exigible.

Nonobstant les autorisations accordées, le solde des impôts restant dus sera immédiatement exigible en cas de dissolution de la Société, de faillite ou de liquidation judiciaire, de cession ou de cessation de l'entreprise.

Dispositions diverses.

Article 18. — Tous avis et communications échangés entre les agents de l'administration ou adressés par eux aux contribuables et concernant la contribution extraordinaire sur les bénéfices exceptionnels ou supplémentaires réalisés pendant la guerre doivent être transmis sous enveloppe fermée.

Les franchises postales et les taux spéciaux d'affranchissement reconnus nécessaires seront fixés comme en matière d'impôt général sur le revenu.

Est tenue au secret professionnel dans les termes de l'article 378 du Code pénal, et passible des peines prévues audit article, toute personne appelée, à l'occasion de ses fonctions ou attributions, à intervenir dans l'établissement, la perception ou le contentieux de l'impôt.

Article 19. — Les contribuables ne sont autorisés à se faire délivrer des extraits des rôles de la contribution extraordinaire sur les bénéfices exceptionnels ou supplémentaires réalisés pendant la guerre, suivant les dispositions législatives ou réglementaires applicables aux contributions directes, qu'en ce qui concerne leurs propres contributions.

Article 20. — Tout contribuable qui, en employant des manœuvres pour se soustraire en totalité ou en partie à l'établissement de la taxe, aura, par l'emploi de l'une de ces manœuvres, dissimulé ou tenté de dissimuler ses bénéfices, sera puni d'un emprisonnement de trois mois à deux ans et d'une amende de cinq cents francs à dix mille francs (500 à 10.000) ou de l'une de ces deux peines seulement.

L'article 463 du Code pénal sera applicable aux infractions prévues par la présente loi.

Article 21. — Les dispositions de l'article 1167 du Code civil sont applicables aux actes faits par le contribuable en fraude des droits de l'État depuis le 13 janvier 1916.

LOI DU 30 DÉCEMBRE 1916

Article 8. — Le taux de l'impôt sur les bénéfices exceptionnels et supplémentaires réalisés pendant la guerre fixé à 50 % par l'article 12 de la loi du 1er juillet 1916 est porté à 60 % pour la fraction des bénéfices imposables supérieurs à 500.000 francs réalisés depuis le 1er janvier 1916 (article 8 de la loi du 30 décembre 1916) portant ouverture sur l'exercice 1917 des crédits provisoires applicables au premier trimestre de 1917.

Élévation du taux de l'impôt.

(1) Voir plus loin : *Projet de loi déposé par le Gouvernement augmentant le taux de l'impôt.*

DÉCRET DU 12 JUILLET 1916*

Procédure de l'appel — Commission supérieure

Le Président de la République Française :

Sur le rapport du ministre des finances,

Vu la loi du 1er juillet 1916, concernant l'établissement d'une contribution extraordinaire sur les bénéfices exceptionnels ou supplémentaires réalisés pendant la guerre;

Vu l'article 11 de la loi susvisée instituant, au ministère des finances, une commission supérieure devant laquelle peuvent être portés les appels des décisions des commissions du premier degré créées par ladite loi, notamment le dernier paragraphe de cet article, lequel est ainsi conçu : « Un décret déterminera les conditions du fonctionnement de la commission et l'organisation des sections ci-dessus prévues ».

DÉCRÈTE :

Formes de l'appel

Article Premier. — Les personnes ou les Sociétés visées par la loi du 1er juillet 1916, qui se pourvoient contre les décisions des commissions du premier degré, doivent, dans le délai d'un mois à partir du jour où elles ont reçu notification de la décision qui les concerne, adresser à la commission supérieure une requête formulée sur timbre, conformément à l'article 19 de la loi du 13 brumaire an VII.

Cette requête, accompagnée de la lettre de notification de la décision attaquée, contient l'exposé des faits et moyens,

les noms et domicile des réclamants,

leurs conclusions,

et l'énonciation des pièces dont ils entendent se servir et qui y sont jointes.

L'appel que le directeur des contributions directes peut former en vertu de l'article 11, deuxième alinéa, de la loi du 1er juillet 1916, est introduit dans les formes indiquées au paragraphe précédent.

Article 2. — Les requêtes et en général toutes les productions des parties sont déposées ou adressées soit au secrétariat de la commission supérieure au ministère des finances (direction générale des contributions directes), soit au secrétariat de la commission du premier degré qui a rendu la décision attaquée (direction départementale des contributions directes); il est délivré récépissé.

---

* *Journal Officiel* de la République Française du 15-16 juillet 1916.

Est considéré comme constituant un recours devant la commission supérieure l'avis par lequel un contribuable fait connaitre, dans les conditions prévues par l'article 8 de la loi, qu'il maintient sa déclaration.

Les requêtes reçues au secrétariat de la commission du premier degré sont transmises à la commission supérieure.

Article 3. — Toutes les requêtes visées à l'article précédent sont inscrites sur un registre tenu au secrétariat de la commission supérieure, suivant l'ordre de leur date d'arrivée.

Procédure devant la Commission supérieure.

Article 4. — Le président de la commission supérieure désigne le rapporteur chargé de l'examen de chaque affaire.

La requête est transmise au ministre des finances pour faire compléter, s'il y a lieu, le dossier et y faire joindre l'avis de la commission du premier degré.

Si l'appel émane du directeur des contributions directes, la partie intéressée est avisée qu'elle peut prendre connaissance du dossier de l'affaire, au secrétariat de la commission du premier degré, dans un délai de dix jours et qu'un second délai de quinze jours lui est ensuite ouvert pour produire ses observations. A l'expiration du délai de vingt-cinq jours, il peut être passé outre pour examen et décision.

Article 5. — La commission supérieure peut ordonner tout supplément d'instruction qu'elle juge nécessaire. Il y est procédé par les soins de la commission du premier degré, à moins que la commission supérieure n'ait elle-même indiqué par quel service et dans quelles conditions le supplément d'instruction doit être effectué.

Les décisions prises à cet effet sont communiquées pour exécution au ministre des finances.

Article 6. — Les décisions de la commission supérieure sont prises à la majorité des voix. En cas de partage, la voix du président est prépondérante.

Article 7. — Les rapporteurs ont voix délibérative dans les affaires qu'ils ont été chargés d'examiner.

La présence de huit membres au moins ayant voix délibérative est nécessaire à la validité des décisions.

Décisions de la Commission supérieure.

Article 8. — Les décisions de la commission supérieure mentionnent les noms des membres ayant délibéré; elles contiennent les nom et qualité des parties, leurs conclusions et le visa des pièces principales. Elles doivent être motivées. Elles sont signées par le président, le rapporteur et le secrétaire.

Article 9. — Les décisions de la commission sont notifiées au contribuable intéressé, par lettre recommandée, et au secrétariat de la commission du premier degré qui en délivre au directeur des contributions directes les extraits nécessaires à l'établissement du rôle.

Sections et Assemblée plénière

Article 10. — La commission est divisée en deux sections, dans les conditions prévues par l'article 11 douzième alinéa, de la loi.

Le président désigne les membres appartenant à l'autre section.

Article 11. — Le président désigne celle des sections qui doit instruire la première requête, puis l'attribution des affaires est faite à chacune des sections, sauf jonction des pourvois connexes, alternativement et dans l'ordre fixé par l'enregistrement.

Article 12. — Le président a le droit, avant distribution, de réserver toute requête pour la soumettre à l'examen de la commission supérieure réunie en assemblée plénière.

Article 13. — Les sections ont les mêmes pouvoirs que la commission supérieure ; le fonctionnement en a lieu dans les mêmes formes et suivant les mêmes règles ; la présence de cinq membres au moins, ayant voix délibérative est nécessaire à la validité des décisions. Une section peut toujours décider de renvoyer une affaire à l'examen de l'assemblée plénière.

Article 14. — Le président de la commission supérieure, en cas d'empêchement, peut être temporairement suppléé dans ses fonctions par un des membres de la commission désigné par arrêté du ministre des finances.

DÉCRET DU 3 AOUT 1916*

Contribuables empêchés de produire leur déclaration. — Délais supplémentaires

Prorogation du délai de la déclaration

Article Premier. — Les contribuables, mobilisés ou non, qui seront empêchés de souscrire, dans les délais impartis par les articles quatre et cinq de la loi du 1er juillet 1916, la déclaration prévue pour l'établissement de la contribution extraordinaire instituée par ladite loi, disposeront, pour produire cette déclaration, d'un délai supplémentaire prenant fin au plus tard trois mois après la date de la cessation des hostilités, telle que cette date sera fixée en exécution de l'article deux du décret du 10 août 1914.

Demande du Contribuable. — Rejet ou admission.

Article 2. — Quand un contribuable se croira en droit de prétendre qu'il est empêché de souscrire sa déclaration dans le délai fixé par les articles quatre et cinq de la loi, il devra, s'il veut obtenir le bénéfice des délais supplémentaires, en informer le directeur des contributions directes, *le trentième jour au plus tard avant l'expiration du délai légal*, en précisant la nature de l'empêchement qu'il entend invoquer; le délai de déclaration sera suspendu, en ce qui le concerne, moyennant l'accomplissement de cette formalité.

Si la commission du premier degré estime que le cas d'empêchement est allégué à tort, le directeur des contributions directes en avertira, par lettre recommandée avec avis de réception, le contribuable, qui pourra faire sa déclaration dans les quinze jours suivant la réception de cet avis, au cas où le délai légal prendrait fin avant l'expiration de ladite période.

Lorsque la commission aura constaté que l'empêchement ayant motivé la prolongation du délai de déclaration a cessé d'exister, le directeur des contributions directes en préviendra l'intéressé, par lettre recommandée avec avis de réception, en lui impartissant, pour produire sa déclaration, un délai de trois mois, lequel courra à partir de la réception de l'avis.

Dans l'un et l'autre cas, si le contribuable ne produit pas de déclaration et s'il est taxé d'office par la commission du premier degré, il conservera le droit de réclamer contre cette taxation devant la commission supérieure et de justifier qu'à la date de l'avis qui lui a été adressé, il se trouvait réellement dans le cas d'empêchement prévu par la loi. Si sa réclamation est reconnue fondée, il se retrouvera placé dans la situation du contribuable pour qui le délai de déclaration n'est pas expiré, à moins que le terme extrême fixé par l'article premier ne soit déjà dépassé, auquel cas la procédure réglée par le premier alinéa de l'article neuf de la loi du 1er juillet 1916 lui deviendra applicable.

Délais supplémentaires de déclaration. — La Commission du premier degré ayant refusé un délai supplémentaire à un contribuable qui l'avait sollicité, ce contribuable a immédiatement introduit un recours devant la Commission Supérieure sans attendre que la Commission du premier degré ait établi sa taxation.

La Commission Supérieure a décidé que le recours n'était pas recevable, parce qu'il devait être introduit seulement en même temps que le recours contre la taxation.

Considérant qu'il résulte des dispositions du paragraphe 4 de l'article 2 du décret du 3 août 1916 rendu en exécution de l'article 6 de la loi du 1er juillet 1916 que c'est seulement lorsqu'ils se pourvoient contre la décision d'une Commission du premier degré les taxant d'office que les contribuables sont admis à contester devant la Commission Supérieure la décision par laquelle cette Commission du premier degré a préalablement rejeté la demande de prolongation des délais à eux impartis pour faire leur déclaration et à justifier qu'ils se trouvaient réellement dans le cas d'empêchement prévu par la loi;

Considérant qu'aucun avis de taxation d'office n'avait encore été notifié à la dame X... à la date de son recours et que celle ci dans ledit recours se fonde uniquement sur le refus de prolongation de délai qui lui a été opposé par la Commission du premier degré dans la décision attaquée;

Considérant dès lors que par application des dispositions ci-dessus énoncées du décret du 3 août 1916 la demande d'annulation formulée par la requérante doit être regardée comme prématurée et que, par suite, elle est en l'état non recevable... (Décision du 27 février 1917.)

II. La Commission Supérieure a refusé une prorogation de délais, lorsqu'il est établi que l'industrie n'a jamais cessé de fonctionner dans les conditions normales et que le contribuable était en état de fournir sa déclaration dans le délai prévu par la loi.

Sans qu'il soit besoin de statuer sur la recevabilité en la forme de ladite demande, considérant qu'il résulte de l'instruction que l'établissement du sieur X... n'a jamais cessé de fonctionner dans des conditions normales; qu'au moment où il a demandé la prorogation du délai imparti aux contribuables pour souscrire la déclaration prévue par l'article 5 de la loi susvisée du 1er juillet 1915, le requérant était en état de fournir ladite déclaration; que, dès lors, sa demande doit être rejetée. (Décision du 23 mars 1917.)

---

* *Journal Officiel* de la République Française du 5 août 1916.

LOI DU 2 JUIN 1917

relative à la patente servant de base au calcul du bénéfice normal forfaitaire

ARTICLE UNIQUE. — *Pour l'application de l'article 5 de la loi du 1er juillet 1916, le principal de patente susceptible de servir de base à l'évaluation forfaitaire du bénéfice normal doit s'entendre de la moyenne des principaux de la patente se rapportant aux trois dernières années antérieures à 1914.*

Si le contribuable n'a été patenté que postérieurement au 1er juillet 1911, l'évaluation forfaitaire du bénéfice normal sera effectuée d'après la moyenne des principaux de la patente imposée jusqu'au 1er août 1914.

Projet de Loi déposé par le Gouvernement

augmentant le taux de l'impôt et rendant exigible la cotisation malgré le recours devant la Commission Supérieure *

Article 44. — Le taux applicable dans les conditions indiquées par l'article 12 de la loi du 1er juillet 1916, pour le calcul de la contribution extraordinaire sur les bénéfices exceptionnels ou supplémentaires réalisés pendant la guerre est fixé comme il suit, en ce qui concerne les bénéfices obtenus à partir du 1er janvier 1917 :

50 % sur la fraction des bénéfices imposables inférieure à 100,000 francs;
60 % sur la fraction comprise entre 100,000 et 250.000 francs;
70 % sur la fraction comprise entre 250,000 et 500.000 francs;
80 % sur la fraction supérieure à 500,000 francs.

Article 45. — A partir de la promulgation de la présente loi, les rôles de la contribution extraordinaire instituée par la loi du 1er juillet 1916 seront établis d'après les bases de cotisations fixées par les commissions du premier degré et mis immédiatement en recouvrement. Les contribuables conserveront néanmoins le droit de se pourvoir dans les conditions, formes et délais prévus par la loi susvisée du 1er juillet 1916. Les bases de cotisation ainsi contestées n'auront un caractère définitif qu'après que la Commission Supérieure aura statué et seront rectifiées, selon le cas, conformément aux décisions intervenues, soit par voie de dégrèvement, soit par voie d'imposition supplémentaire.

* *Journal Officiel* du 10 août 1917 (Annexes).

www.ingramcontent.com/pod-product-compliance
Ingram Content Group UK Ltd.
Pitfield, Milton Keynes, MK11 3LW, UK
UKHW022104190726
13855UKWH00002B/641

9 782013 359269